Hermann Schreiber

EIN KÜHLER MORGEN

Hermann Schreiber

Ein kühler Morgen

ERINNERUNGEN

DREI ULMEN VERLAG

ISBN 3-926 087-19-6

Copyright 1995 by Drei Ulmen Verlag GmbH
München und Wien

Alle Rechte vorbehalten. Auch der auszugsweise
Abdruck ist nur mit schriftlicher Genehmigung
des Verlages gestattet.

Satz: Fotosatz Rizner, Salzburg
Druck: Druckerei Roser, Salzburg-Mayrwies

Den Dichter-Freunden

    Ernst Jirgal, 1905—1956

    Werner Riemerschmid, 1895—1967

    Gerhard Fritsch, 1924—1969

    Marlen Haushofer, 1920—1970

    Reinhard Federmann, 1923—1976

    Hermann Hakel, 1911—1987

    Heinrich Satter, 1908—1992

    Hans Lebert, 1919—1993

    Ernst Vasovec, 1917—1993

    Wilhelm Muster, 1916—1994

Der Brief aus Marbach

Am 17. Januar 1992 starb in München der Schriftsteller Heinrich Satter, seiner und meiner Meinung nach ein Sohn des Dichters Gerhart Hauptmann und der Schauspielerin Ida Orloff. An diesem Tag verlor ich nicht nur einen lieben Freund, sondern auch den Partner beinahe täglicher Gespräche, die mir über den frühen Tod von Reinhard Federmann hinweggeholfen hatten. Entsprechend herzlich und ausführlich fiel mein Nachruf für Satter aus, den die Salzburger Zeitschrift *Literatur und Kritik* veröffentlichte.

Da ich bei dieser Gelegenheit bis in die unmittelbare Nachkriegszeit in Wien zurückgreifen mußte, kamen Dinge und Verhältnisse zur Sprache, die heute nur noch Wenigen bekannt sind, und es meldete sich Dr. Werner Volke vom Deutschen Literaturarchiv in Marbach mit der Anregung, ich möchte doch einmal, ohne literarischen Anspruch, einfach der Fakten wegen, etwas ausführlicher über die Jahre zwischen 1945 und 1960 berichten, gleichsam als formlose Dokumentation.

Dieser Brief war der erste vernünftige und sachgerechte Anstoß zum Niederschreiben einiger Erinnerungen. Natürlich hatte man mich gesprächsweise schon vorher aufgefordert, über mein Leben zu schreiben, von der weitgehend irrigen Vorstellung ausgehend, ich hätte, wenn schon nicht in der Gegenwartsliteratur, so doch in der Branche, im Buchwesen, im literarischen Betrieb viele Fäden gesponnen und gezogen. Solchem Ansinnen mit Richtigstellungen zu begegnen, hätte die Mühe keineswegs gelohnt, soviel Material ich auch in jahrzehntelangen Verlegerbriefwechseln angehäuft habe. Aber Dr. Volke wußte, wovon er sprach; er hatte in Marbach eine Schreiber-Ecke eingerichtet, wo Manuskripte, Briefe, Fragmente und ähnliche Zeugnisse von mir gesammelt werden, ein Quadratmeter literarischen Interesses für einen Autor, von dem die Literaturgeschichtsschreibung im übrigen nichts weiß und auch gar nichts wissen will. Aus Dankbarkeit für eine kleine Gruppe von Germanisten, die mir vom ersten Augenblick an voll Interesse, ohne jeden Dünkel und mit gelegentlich sogar heiterem Verständnis für den Vielschreiber Hermann Schreiber entgegengekommen sind, habe ich mich, nach Satters Tod ohne Gesprächspartner am Ort, an diese Seiten gesetzt, von denen ich nun, da die Arbeit beendet ist, befürchte, sie seien tatsächlich so anspruchslos geworden wie Dr. Volke es, wohl aus Rücksicht auf meine anderen Verpflichtungen, angeregt hatte.

Andererseits bestand kein Grund, die auftretenden Freunde und Weggefährten in essayistischer Ausführlichkeit zu schildern. Sie sind ja keine Unbekannten, sie haben sich durch ihr Werk besser charakterisiert, als ich es aus dem privaten Umgang mit ihnen zu tun vermöchte. Und das, was sich eine inzwischen ausufernde Essayistik etwa über Marlen Haushofer oder über die nach Kärntner Begegnungen von mir fassungslos verehrte Christine Lavant an Penetranz leistet, hat mir vollends die Lust zu einem Wettlauf mit jenen Damen und Herren genommen, die aus der Ungnade ihrer späten Geburt die Erlaubnis herleiten, das zu sagen, worüber meine Generation lieber geschwiegen hat.

Über eine Reihe von Freunden konnte ich mich in Artikeln des Bertelsmann-Literaturlexikons äußern (u. a. über Adelbert Muhr, Werner Riemerschmid, Ernst Jirgal, Alexander von Sacher-Masoch, Reinhard Federmann, Gerhard Fritsch). Über einige andere hat Hans Heinz Hahnl, mein Kollege in der Redaktion des denkwürdigen Jugendheftes der Zeitschrift *Plan*, in Sammelbänden gesagt, was zu sagen war: über Rudi Felmayer, Franz Kießling, Otto Soyka, Martina Wied. Gewiß, ein paar Portraits, in der Ferne verschwimmend, hätten der Dargestellten wegen verdient, hier Platz zu finden, Erna Gsur etwa, spätere Frau Felmayer, oder Hertha Kräftner, die nicht in Hermann Hakels indezenter Gouache fixiert bleiben sollte. Dieses Problem und manche noch unausgetragene Polemik zeigen mir, daß ich dieses Buch vor zehn Jahren hätte schreiben sollen, als ich noch mehr Unternehmungsgeist und die Resignation noch nicht den heutigen Grad erreicht hatte.

Man kann Erinnerungen zu früh schreiben, was heute beinahe die Regel geworden ist, und zu spät, dann nämlich, wenn jene, an die man sich wendet, nicht mehr leben. Und vielleicht hätte ich sie gar nicht schreiben sollen und hätte sie wohl auch gar nicht geschrieben, träfe nicht jeden Wiener in Deutschland das schwere Schicksal, daß seine Freunde nicht rund um ihn herum wohnen, sondern sich in diesem ganzen großen und immer unpassierbarer werdenden Land verteilen; darum sitzen die

Menschen, die ich am liebsten täglich sprechen würde, heute in Berlin und Bad Homburg, in Hürth bei Köln und in jenem Heinsberg an der holländischen Grenze, von dem bis heute niemand wüßte, hätte nicht im April 1992 dort ein Erdbeben die Klinkerhäuser durchgerüttelt. Da hatten wir es um 1950 im *Strohkoffer* noch einfacher: alle lebten noch, alle traf man unter einem Dach. Darum also dieser Versuch, sie nocheinmal zu versammeln.

München, im Sommer 1994

Hermann Schreiber

Das Gelbe im Auge

Im gläsernen Fuß der Dieselöllampe schwappte noch ein Rest von unserem Lebenselixir, mit dem die beiden Magirus-Dreiachser Verpflegung und Post zu uns nach vorne brachten, an die Donezfront. Die übrigen 140 Fahrzeuge der Panzerjägerabteilung 46 lagen fest, mit Getriebeschäden, ohne Sprit oder einfach eingefroren. Das mildflackernde Licht zeigte mir mein Stoppelbartgesicht in einer neuen Farbe: Es war gelb, selbst das Weiße im Auge war gelb, und damit war alles klar.

Die Krankheit, die damals *Icterus epidemicus* hieß, hatte den Vorteil, daß selbst Truppenärzte sie eindeutig zu diagnostizieren vermochten; man brauchte kein Wort zu sagen, bekam einen gelben Karton um den Hals und die Anweisung für den Lazarettzug nach ganz weit hinten. Schlecht war daran, daß man urplötzlich und vermutlich für Monate aus der Einheit herausfiel, in der man jahrelang gelebt hatte. Aber meine besten Freunde, der Studienrat Schlehs und der nette Vorarlberger Matt, waren ohnedies schwer verwundet worden und längst in einem schlesischen Lazarett, und der Jesuitenprofessor, mit dem man auf Wache auch bei 40 Grad minus so gut plaudern konnte, war neben seinem Geschütz gefallen. Blieb also nur das Fehlen der Post, der Ausfall der lebensspendenden Verbindung mit Baden bei Wien, wo Mutter und Frau lebten, und mit Heiligenbeil, wo mein Bruder seine Bordfunkerausbildung machte.

Drei Stunden später war ich schon anonym, das heißt, mit Soldaten aller Einheiten beisammen, die im Donezbogen die Stellungen hielten. Ich kannte niemanden mehr, ich war ein gelber Karton mit menschlichem Anhängsel. Als Marschverpflegung erhielt ich auf dem Bahnhof, er hieß vielleicht Losowaja oder ganz anders, eine Tausendgrammdose Schweinefett mit Grieben, von der mir schon schlecht wurde, wenn ich nur die Aufschrift las. Aber ich hatte die weiten Manteltaschen voll trockener Kekse. Ich fand eine Ecke in einem Güterwaggon, dann kam eine halbe Stunde Artilleriebeschuß, von dem wir im Dorf meist verschont geblieben waren, und nach Einbruch der Dunkelheit die langsam mahlenden Geräusche des einzigen Bombers der Russen, der auch bei Tag ungefährdet gewesen wäre, denn wir hatten keine Flak und keine Jäger im Abschnitt. Es war trotzdem scheußlich, weil man nichts sah, weil man wehrlos an einer Waggonwand saß und weil es in dem weit auseinandergezogenen Kaff mit seinen verschneiten Dächern schließlich kein anderes Ziel gab als eben den Bahnhof.

Irgendwann in der Nacht rollten wir dann doch ab; es wurde eine Fahrt von fünf Tagen. Hin und wieder brachte man uns Tee: Zuerst waren es sächsische Sanitäter als erstes Anzeichen, daß man hinter der Front war, dann kamen Krankenschwestern mit weißen Schürzen, nun waren wir also weit hinten. Verglichen mit den Nächten auf einem Schneehügel, hinter einem Maschinengewehr, fünfzig Meter von einem undurchdringlichen, tiefschwarzen Wald oder im Wachpelz bei knarrendem Schnee war selbst der Viehwaggon beinahe heimelig. Pinkeln war spannend, man wußte ja nie, wann der Zug wieder anfuhr. Längere Geschäfte wurden zum Albtraum. Die Schweinefettdose hatte ich gegen Kekse vertauscht, was mir, wie ich eine Woche später erfuhr, das Leben gerettet hat. Das Fieber hielt sich in Grenzen, und das am fünften Reisetag nach kurzer Lkw-Fahrt auftauchende schloßartige und hell beleuchtete Gebäude erfüllte mich mit den angenehmsten Erwartungen: Geheizte Zimmer, Bettwäsche, regelmäßige Verpflegung, vielleicht sogar Befreiung von den Läusen und vom Durchfall (obwohl solche Glücksfälle für ein altes Frontschwein kaum noch vorstellbar waren).

Zuerst verschwanden die Läuse. Allerdings nahmen sie alle meine Kleider mit sich, und wir hundertzwanzig oder hundertvierzig Ankömmlinge zogen im Gänsemarsch und splitternackt in eine strahlend erleuchtete Hotelhalle ein, in der hinter kleinen Tischen etwa in Pimmelhöhe frischgewaschene deutsche Krankenschwestern saßen und von uns allerlei wissen wollten. Ich hatte seit dem 21. 6. 41, als wir aus dem Lager von Krasnik an den Bug vorverlegt worden waren, Frauen nur in der dicken Wickelkleidung der ukrainischen Bäuerinnen gesehen, vermummt bis an die Lippen, die Stirn unterm Kopftuch, den Blick furchtsam gesenkt. Und nun saßen diese deutschen Mädchen vor mir mit bloßen Armen und Hälsen, hoben neugierige Blauaugen von meiner Leibesmitte so lange auf, bis sie meinem Blick begegneten, fragten nach Name, Beruf, Einheit und Beschwerden. Und als ich schon mein-

te, es hinter mir zu haben und von irgendjemandem ein Hemd zu erhalten, entdeckte einer der Ärzte meine tatsächlich sensationelle Einfärbung, führte mich in die Mitte der Halle und sagte: „Sehen Sie sich diesen Mann an, meine Damen: Gelb wie ein Kanari, bis hinunter zu den Füßen."
Dann kam die große Wäsche, und für sie waren sich die deutschen Schwestern zu gut, vielleicht waren sie auch zu kostbar für so niedrige Dienste. Hier hatten wir es mit jungen Unkrainerinnen zu tun, und sie waren ein Labsal. Es gab nicht mehr die taxierenden Blicke aus der unendlichen Überlegenheit einer bekleideten Frau gegenüber einem nackten Mann. Es gab fröhliche Mädchen, rund, wo immer sie rund sein konnten, und da sie uns ja waschen, pflegen und abtrocknen sollten, waren sie nicht viel mehr bekleidet als wir Soldaten. Unter der heißen Brause kippte ich um, fünf Tage kaum etwas im Magen, Fieber, die anhaltenden Durchfälle. Sekunden später lag ich, wie der Leichnam des Doktors Tulp gebettet, auf einem Bügeltisch, über mir die besorgten, dann erwartungsvollen und schließlich erlöst lächelnden Gesichter der Mädchen. Man rieb an mir herum, man gab mir endlich etwas anzuziehen, und dann kam ein Bett, wie ich es seit zwei Jahren nicht mehr erlebt hatte: Nun erst war ich wirklich angekommen im Großlazarett Kiew, und es wurde die erste Station meiner literarischen Tätigkeit, weswegen dies alles hier erzählt werden mußte. Das einzige Buch, das ich in der Umhängetasche mitgebracht hatte, war der Dreigroschenroman von Bert Brecht. Ein Kradmelder hatte ihn im

Sand neben der russischen Rückzugspiste aufgelesen und mir gebracht, weil die ganze Einheit meinen Lesehunger kannte und weil er — er hieß Drab — Halbjude war und kaum andere Gesprächspartner gefunden hatte als mich. Dieses Buch, eine broschierte Ausgabe des Verlags für Fremdsprachige Literatur in Moskau, legte ich auf meinen Nachttisch, und damit begann alles...

Der behandelnde Arzt, ein junger Internist, war Dr. Jakob Volhard. Da ich von ihm nur Gutes zu berichten habe, scheue ich mich nicht, seinen vollen Namen zu nennen. Er sah das Buch, nahm es auf, las das Impressum, lächelte und sagte: „Nun, dann wollen wir hoffen, daß es Ihnen bald besser geht. Ein Germanist im Bett, das ist hier in Kiew die pure Verschwendung."

Es ging mir tatsächlich bald besser, denn ich hielt mich an die Vorschriften. Vor allem rauchte ich nicht heimlich, wie meine fünf Zimmerkameraden, und als ich nach der Puddingkost dann die begehrteste aller Diäten, genannt S 4 erhielt, begann ich mich innerlich auf das Leben im Lazarett einzustellen, Besuche in anderen Abteilungen zu machen und durch die Übernahme heikler Aufträge um Sympathie und Sondervergünstigungen zu werben: Etwa, wenn Fleckfieberkranke transportiert werden mußten, was begreiflicherweise niemand gern übernahm, oder wenn — das war einer der schlimmsten Eindrücke — zwei Lkw's mit Augenschüssen in den Klinikhof rollten und die Ärmsten heruntergeholt und geführt werden mußten.

Eines Tages sagte mir jemand: „Du, drüben in der

chirurgischen Abteilung, da liegt auch so ein Verrückter wie du, der liest den ganzen Tag!" „Hat er auch einen Namen?" „Sicher, warte — ich glaube Weiß oder Weisse..."
Er hatte einen Beinschuß, hieß Dr. Fritz Weiske, war Romanist aus Thüringen und wurde mir lebenslang ein Freund. Daß er später leitender Lektor im Ostberliner Verlag der Nation wurde, griff nachhaltig in mein Leben ein. Ja eigentlich war es mehr als ein Eingriff, es wurde die Eröffnung eines besonderen Weges in einem sonst beinahe uniformen Literatenleben.

Wir waren sechs im Krankenzimmer, weniger als seinerzeit in der Kaserne, mehr als in jenem kleinen Bauernhaus, in dem ich die Wintermonate zugebracht hatte. Drei von uns hatten Gelbsucht, drei waren Nierenpatienten. Es war also nicht die Pfeiferstube des Paul Alverdes, wir waren auch nicht verrückt und mußten Körbeflechten. Es herrschten beinahe zivile Verhältnisse, zu denen die hervorragende ärztliche Betreuung beitrug, denn unser Arzt, Sohn des großen Nieren-Volhard von der Frankfurter Universität, behandelte uns, als seien wir Millionärssöhne in einer Taunusklinik.
Aus großen Fenstern blickten wir hinaus auf den ukrainischen Frühling und die Stadt Kiew, in der in schöner Regelmäßigkeit jeden Tag ein weiterer Prachtbau in die Luft flog, da wir Eroberer die Zeitzünderbomben an den Hauptadern nicht hatten finden können. Weit mehr als die grauen Rauchpilze vor den Fenstern interessierte uns aber ein großes

weißes Insekt, das hin und wieder an den Scheiben hinundher huschte, eine junge Russin, die bei uns sauberzumachen hatte. Sie mochte etwa siebzehn gewesen sein, hatte ein süßes rundes Gesicht und einen lustig wippenden Pferdeschweif.

Wir waren nun alle sauber gewaschen, trotz unserer Krankheiten von den Frontstrapazen erholt und gut genährt; wir lagen in fein bezogenen Betten und sahen ein verführerisches Geschöpf herumturnen, das es sichtlich genoß, uns herauszufordern. Die Klügeren unter uns gingen, wenn die Kleine kam, und tratschten auf dem Gang weiter; ich aber plauderte gerne mit ihr mit meinem Donez-Ukrainisch aus den langen Wintertagen in der Kate.

Einmal war ein fremder Unteroffizier im Zimmer, ein Besuch. Er versuchte, ihr ein wenig an die Wäsche zu gehen, die sie gar nicht anhatte. Dem zog sie den langen grauen Wischlappen quer über das Gesicht und baute sich dann, erhitzt von der Arbeit und von der Aufregung, in der Tür auf. In der Rechten hatte sie ihr Eimerchen, die Linke erhob sie mit geballter Faust und rief mit blitzenden Augen *Ia Komsomolza*.

Solche und ähnliche Zwischenfälle hatten mein Verlangen nach Abwechslung erheblich gesteigert. Doktor Volhard tat für mich was er konnte; ich durfte mich auf dem ganzen Gelände frei bewegen, meinen gehunfähigen Freund Dr. Weiske besuchen, die Bibliothek verwalten, was Gelegenheit zu Gesprächen mit den paar Lesehungrigen gab, und schließlich sogar an einer Offiziersgruppe teilnehmen, die sich von einem Kiewer Historiker, der deutsch sprach, die Altertümer der Stadt zeigen ließ, vor allem also natürlich das Lawra-Kloster aus dem vormongolischen Rußland. Es blieb der einzige Ausflug in die auf eine einzigartige Weise zwischen Flußarmen und Hügeln verteilte Stadt, aber er hatte Folgen: Der Chefarzt selbst, eine erträgliche Mischung aus Mediziner und Stabsoffizier, schlug vor, dieser Exkursion weitere die Bildung fördernde Veranstaltungen folgen zu lassen, zumindest für einen kleinen Kreis interessierter Ärzte, Offiziere und Akademiker unter den Mannschaftsdienstgraden. Weiske und ich sollten unter der Patronanz von Dr. Volhard die ersten Abende vorbereiten, der Chefapotheker aber werde für Trinkbares sorgen (man munkelte von köstlichen selbstgebrauten Likören und Schnäpsen nach seinen Geheimrezepten).

Nun, ich war zumindest was das Gehirn betraf ausgeruht, und das in allerhöchstem Maß. Meine Dissertation lag zwar unvollendet in Baden bei Wien, aber ich hatte eine sehr beruhigende Korrespondenz mit Josef Nadler, meinem Doktorvater, so daß meine einzige Sorge darin bestand, man würde diesen stets unverblümt vor einem überfüllten Auditorium sprechenden großen Mann verhaften, ehe ich ihm meine Arbeit würde einreichen und bei ihm Rigorosum machen können. Im Vergleich zu ihm, der in Wien über seinen Freund Hofmannsthal las, über Börne, über Heine war ich in Kiew aller Sorgen ledig: der einzige Nazi weit und breit war ein knorriger Oberfeldwebel aus Heidelberg, der mich belauerte, seit ich behauptet hatte, die Universitäten von

Prag und Wien seien älter als seine Alma Mater Heidelbergensis. Also gingen wir an die Arbeit.

Weiske konnte inzwischen humpeln, vor allem dann, wenn jemand zusah. Er saß an meinem Bett, auf dem sich die längst nicht mehr nötigen Tannalbintabletten zu schlanken Säulchen türmten, und wir planten. Rechts von mir lag ein Operettenbariton, der mit halbem Ohr zuhörte, links von mir der Gemüsehändler Kurt Lampe aus Berlin-Neukölln, die herrlichste Naturbegabung, die ich je kennengelernt hatte. Nach meiner ersten Planungssitzung mit Weiske teilte Lampe mir im Vertrauen mit, daß er von Kultur absolut nichts halte. Sein Laden läge im Souterrain, da sehe er allen Mädchen unter die Rökke, und da käme kein Ballett mit. Und überhaupt, die Musik, die Opern!

Wenn ich jemals in meinem Leben ein Magnetophon wirklich dringend gebraucht hätte, dann damals, als Lampe, um uns die Lächerlichkeit von Opern zu beweisen, eine vorsang und -spielte, im breitesten Berlinerisch, mit verteilten Rollen und verstellten Stimmen. Das Tonband jener Solovorstellung wäre Millionen wert. Der Bariton hingegen seufzte nur: Er wäre schon bereit, auch etwas zu unseren Kulturabenden beizutragen, aber seine Stimme sei viel zu stark für den ausersehenen Raum, zu gewaltig. „Und außerdem", schloß er und drehte sich um, „so ohne Litewka singen, ich weiß nicht!"

Da die Literaturabende in einem erstaunlich kleinen Kreis vor sich gehen mußten — die Herren Ärzte waren überlastet und der Apotheker geizte mit seinen kostbaren Flüssigkeiten — hätten große Rezitationen wenig Sinn gehabt. Die Interpretation war der intimere Vorgang und gestattete, in die Dichtungen, zu der Dichtersprache selbst vorzudringen, was uns allen wohltat. Ich war nicht ganz ohne Erfahrung, denn ich hatte den ganzen Winter hindurch als Funker den Wehrmachtsbericht aufnehmen, in vier Exemplaren abschreiben und den Offizieren in ihre Quartiere zustellen müssen. Da ich nicht stenographieren konnte, waren die Nachschriften oft ziemlich abenteuerlich ausgefallen, und da ich Interessantes bieten wollte, war es mitunter zu bedenklichen Formulierungen gekommen, die jedem, der die verhüllende Ausdrucksweise der Wehrmachtsberichte kannte, den kalten Schweiß auf die Stirn trieben.

Ich wußte aus vielen Gesprächen, was diese jungen Männer brauchten, denen die Uniform und die Todesnähe eine Steigerung der eigenen Person beschert hatten, der sie innerlich keineswegs gewachsen waren. Sie brauchten starke Drogen aus Worten und Vorstellungen, und die glücklicherweise wohlbestückte Lazarettbibliothek lieferte uns die geeigneten Texte, Rilke natürlich, die Einstiegsdroge des deutschen Offiziers, die Visionen eines Jean Paul, dazu Rarissima von Trakl, Däubler und Verdächtiges vom nie verdächtigten Hans Carossa. Ich war zweiundzwanzig Jahre alt; wenn Talent jemals an den Rand des Genialen vorstößt, dann in diesem Alter, und so hatte ich, inspiriert von der Situation und den Texten, tatsächlich sie alle in der Hand.

Versuchte der Heidelberger Oberfeldwebel die Illusion zu durchbrechen, die Glocke zu zersprengen, die das poetische Narkotikum über uns gestülpt hatte, dann hob Dr. Weiske nur abmahnend die Hand, und es war wieder still.

Es konnte nicht ausbleiben, daß unser Fortschreiten im Reich der Dichtung zu Zweifeln an der befohlenen Weltanschauung und an der Erreichbarkeit der Kriegsziele führte. Zwar hütete ich mich, die eben erprobte Macht der Literatur in diese Richtung zu lenken, ich verstand mich ja nicht als Agitator, sondern eher als Psychotherapeut. Aber als der Oberfeldwebel zu seiner tristen Einheit — bespannter Artillerie! — zurückgekehrt war und die Schneeschmelze unsere Armeen vollends immobilisierte, riskierte Doktor Volhard in einem dieser Abendgespräche eine Anspielung auf Napoleon, seinen Rußlandfeldzug und den Brand von Moskau. Eine Sekunde später fiel, ohne daß einer von uns eine Bewegung gemacht hätte, Volhards Weinglas um, und der köstliche Ortega Kabinett ergoß sich auf die Tischplatte.

„Ihr seht", sagte Volhard betroffen, „schon eine vage Anspielung wird bestraft. Also kein Wort mehr in dieser Richtung."

Als im Spätfrühling die Pisten befahrbar wurden, nahmen die Armeen den Vormarsch wieder auf. Positionen, um die im Winter unter hohen Verlusten hartnäckig gerungen worden war, wurden nun einfach überrannt, der gewaltige deutsche Heerwurm schob sich mit Tausenden notdürftig reparierter

Kraftfahrzeuge weiter nach Osten vor, in die unendliche Weite des russischen Land-Ozeans.

„Ich habe in den letzten Wochen wahre Wunderwerke an phantastischer Dichtung vollbracht", vertraute mir Doktor Volhard eines Tages an.

„Oh, Sie schreiben, Herr Oberarzt?" fragte ich erfreut, „das müssen Sie mir zeigen."

„Es sind keine Gedichte", antwortete Volhard leicht verlegen, „es war Ihre Krankengeschichte. Ich mußte immer neue dramatische Wendungen erfinden, denn seit auch das Bilirubin aus Ihrem Harn verschwunden ist, gab es ja keinen Grund mehr, Sie in stationärer Behandlung zu behalten!"

Sein Wagnis blieb ohne Folgen, denn der Fortgang der militärischen Operationen nahm ihm alle Entscheidungen ab: Das Großlazarett mußte, wenn auch in gehörigem Abstand, der vorverlegten Front folgen, neue Patienten waren schon seit geraumer Zeit nicht mehr aufgenommen worden, die letzten schweren Fälle wurden nach Schlesien verlegt, alles andere zur Truppe entlassen.

„Ich habe ein letztes Meisterwerk vollbracht", sagte Volhard und händigte mir ein verschlossenes Kuvert aus, „ein Schreiben an Ihren Truppenarzt mit dem dringenden Ersuchen, Sie in einen Genesungsurlaub nach Hause zu schicken. Aber er muß nicht: Er hat die Pflicht, nach den Erfordernissen der Truppe, der militärischen Lage und Ihrer Augenblicksverfassung zu urteilen, also verplappern Sie sich nicht!"

Ich stahl aus der mir anvertrauten Lazarettbibliothek, die den Weg nach vorne ohnedies nicht mitmachen sollte, die biegsam in Leinen gebundene Dünndruckausgabe von Goethes *Faust* aus dem Insel-Verlag und begab mich in die Depositenkammer in der Hoffnung, nach der Anstaltskleidung nun eine frische, gute Uniform, Lederzeug und Waffen zu erhalten. Was ich bekam, war die etwas geschrumpfte, nach allerlei Chemikalien duftende Ausstattung, die ich bei der Einlieferung getragen hatte und der die Entlausungsdämpfe nicht viel hatten anhaben können, weil sie keine Lederteile hatte. Gewehr gab es keines, nur ein Bajonett, auf deutsch Seitengewehr, und die Mahnung, für jeden Marschtag eine von einem Offizier unterschriebene Bestätigung über den zurückgelegten Weg in Richtung Front beizubringen: Ein Tag in der falschen Richtung wurde gleichgesetzt mit Fahnenflucht, und die Feldgendarmerie wagte sich zwar nicht in Frontnähe, war aber in der Etappe beinahe allgegenwärtig.

Ich habe seither nicht allzuviel über den Zweiten Weltkrieg und Rußland gelesen und mich dabei vor allem auf die besten Autoren beschränkt, auf Horst Lange *(Die Leuchtkugeln)* und Erich Landgrebe *(Von Dimitrowsk nach Dimitrowsk);* aber auch in den eher enzyklopädisch orientierten Darstellungen bleibt, soviel ich gesehen habe, die eine große Lücke in der deutschen Heeresorganisation unerwähnt, die Tatsache, daß Tausende aus Hinterlandlazaretten entlassene Soldaten durchaus auf sich selbst gestellt waren, wenn sie an die Front zurückkehrten. In der Heimat wurden aus Geheilten und Genesenen neue

Einheiten zusammengestellt, in die Brennpunkte des Geschehens geworfen und dort sehr schnell aufgerieben, weil diese Soldaten ja nicht aufeinander eingespielt waren und an den Waffen, in den Verwendungen dieser Alarmtruppen keine Erfahrungen hatten. Lagen die Lazarette hingegen einigermaßen in Frontnähe, so überließ man es dem einzelnen, seine Truppe wiederzufinden, was er in der Regel ja ohnedies wollte: Dort warteten die vertrauten Kameraden, die Post aus der Heimat, die Verwendung, für die er ausgebildet worden war und damit die bescheidene Chance, den Krieg zu überleben.

Die Front jedoch, an die ich nun zurückkehren sollte, entfernte sich mit eindrucksvoller Geschwindigkeit nach Osten. Meine vollmotorisierte Einheit bildete wieder, wie bisher, eine Vorausabteilung, die mit Selbstfahrlafetten, Kübelwagen und den Allradwundern aus Steyr in die Steppe westlich der Wolga vordrang. Die Wochen, die ich brauchte, um diese imposante rollende Maschine im Alleingang einzuholen, sind das größte Abenteuer meines Lebens geblieben, fünf oder sechs Wochen waffenlos und allein in Dutzenden ukrainischer Dörfer. In den ersten Wochen gemeinsam mit einem Infanteristen, der ebenfalls zur 44. Division wollte, bald aber allein, fuhr ich den halben Tag bei irgend einer Einheit mit nach Osten, ließ mir den Raumgewinn bestätigen und suchte mir dann ein kühles Badegewässer und ein freundliches Dorf. Erst nach drei Wochen verriet mir einer der Alibi-Offiziere, daß die 44. ID viele Kilometer weiter nördlich sein müsse, ich aber befände mich nahe der Stadt Rostow am Don, also an der Schwarzmeerküste. Da ich Mitfahrgelegenheiten nur in der Vormarschrichtung wahrnehmen durfte, aber von der großen Schwenkung der Südarmeen in Richtung Kaukasus nichts gewußt hatte, lagen nun zwischen der in Richtung Stalingrad vorrückenden Infanteriedivision mit dem Ehrennamen *Hoch- und Deutschmeister* und mir Hunderte von Kilometern, wenn man wollte ein Fall fürs Standgericht.

Mein Wandergefährte von der Infanterie erlitt einen Schock, sah sich schon am nächsten Baum hängen und bat händeringend, in die nächstbeste Truppe aufgenommen zu werden, was ihm auch gelang; vermutlich ist es ihm auf der Landbrücke zwischen Kaspischem und Schwarzem Meer besser ergangen als vor Stalingrad. Ich aber hatte mehr zu verlieren: einen gemütlichen Steyr-Lkw, in dem man ausgestreckt und trocken schlafen konnte, und meine Sonderstellung als einziger Maschinendechiffreur einer ganzen Einheit von 452 Mann. Ich bat den Offizier um eine kurze Erläuterung und den Stempel seines Truppenteils und machte mich auf den Weg nach Norden.

Man rühmt den Herbst in Neuengland und Burgund, den Frühling in Südtirol, den Winter in Hochsavoyen. Der Sommer in der Ukraine übertrifft jedes dieser Erlebnisse schon durch die Unendlichkeit, mit der er sich über die Wiesen, Steppen und Flüsse, über die Birkengehölze und die waldigen Hügel ausbreitet. Da ich mich nun in der Zone des Bewegungskrieges befand, waren die Dörfer alle unzerstört. Die in ihnen zurückgebliebenen Menschen waren aus dem Albtraum des harten Winters von 1941 auf 1942 erwacht, sie hatten wieder Gemüse in den Gärten und Kleinvieh in den Ställen, die Front war weit im Osten, die unbeliebten Polizeieinheiten und Besatzungsbehörden noch nicht nachgerückt. Ich befand mich in einem neu zum Leben erwachten Niemandsland, dessen Bevölkerung die mit Tausenden von ratternden Fahrzeugen durchgezogenen Deutschen für die sicheren Sieger halten mußte.

Nur so vermag ich mir zu erklären, daß mir nichts passierte, daß ich an jedem Morgen unversehrt zwischen einem Dutzend Russen aufwachte, die ja alle sehen mußten, daß ich keine Waffe hatte, daß ich tief schlief, daß man stundenlang mit mir hätte nach Belieben verfahren können. Unerklärlich ist mir bis heute, daß ich keine Angst hatte. Heute, da ich mich nach Einbruch der Dunkelheit nicht einmal mehr in den Münchner Luitpoldpark wage, in den ich den ganzen Tag hinunterblicken kann, ist es mir unbegreiflich, daß ich nicht versuchte, dauernd bei einer der vormarschierenden Einheiten zu bleiben, in der Nähe der Truppe zu nächtigen, den Schutz der deutschen Waffen zu suchen. Im Freien zu nächtigen war noch nicht möglich. Der Boden war lange schneebedeckt gewesen, Doktor Volhard hatte mir die Folgen einer Nacht an der feuchten Erde erklärt, und nächst der Gelbsucht waren ja die Nierenbeckenentzündungen und andere Nierenkrankheiten im Lazarett die häufigsten Fälle gewesen. Also mußte ich in die Bauernhäuser, und es ging an die vierzig Nächte lang gut.

An einen Zwischenfall bei hellichtem Tag erinnere ich mich. Es war ein großes Bauernhaus, allein auf einer Anhöhe. Vor dem Haus saß ein blonder Junge im Freien und panierte seinen eigenen Kot im weißen Sand, er war vielleicht zwei Jahre alt. Da ich die Bauweise der Häuser nun schon kannte, trat ich in die große Stube ein, sie schien auf den ersten Blick leer, aber ich hörte Geräusche. Sie kamen von einem jungen Paar, das sich auf der umlaufenden nackten Holzbank vergnügte. Der Mann erhob sich, zog die Hose hoch und verdrückte sich — er war genau in dem Alter, das die Organisation Todt für den Wegebau bevorzugte — die junge Frau jedoch setzte sich unschlüssig auf, hielt ihr offenes Kopftuch vor die Brust und fragte das klassische Shostakoje — was ich wolle — mit einem etwas verlegenen Lächeln. Ich bat sie, mir ein paar Eier zu braten; sie hatte auch Zwiebelbrot dazu, wir sprachen über den Kleinen im Sand und schieden als Freunde. Nicht einmal in dieser Situation hatte es eine aggressive Reaktion oder auch nur Geschimpfe gegeben.

Bei der Satzkorrektur dieser Seiten ist mir heute, fünfzig Jahre nach den Ereignissen, etwas Seltsames passiert. Um ein paar Namen nachzuprüfen, ging ich in den Schreibtischladen auf die Suche nach alten Adreßbüchern und fand ein *Postbüchlein 07298*, mit meiner Feldpostnummer geziert, in das ich während meiner einsamen Westostwanderung durch die Südukraine ein Halbdutzend Gedichte eingetragen hatte, säuberlich mit Datum und Ortsnamen:

Lina
Mit tausend Düften brandete der Garten
ums kleine Haus und an die Stufensteine
auf die ich mich nach heißem Tage setzte.
Die junge Frau an meiner Seite ist nicht meine;
ich würde besser meiner Heimkunft warten —
doch es ist Krieg, und sie vielleicht die Letzte.

Das erste Gedicht ist vom 16. 7. 42 aus Tarasowka datiert, das zweite vom 18. 7. aus Rowenki, dann folgen Nowo Belnaja, Bjelo Luzkaja und am 22. 7. Nowo Pskow mit zwei Gedichten. In Bjelowodsk, am 23. 7., war die lyrische Woche zuende.

Seit meiner Gymnasialzeit, den endlosen Radtouren in den Weinbergen zwischen Baden und Gumpoldskirchen, hatte ich mich nicht mehr so frei gefühlt wie auf der langen Trampreise an die Front.

Von einer Geschützstellung, auf die ich zuerst stieß, brachte mich ein Melder zum Stab; als er unterwegs erfuhr, wie lange ich herumgeirrt sei, setzte er ein nachdenkliches Gesicht auf: „Das gibt einen Anschiß, mindestens ... Bei uns ist nämlich auch einer aus Kiew angekommen, aber schon nach zehn Tagen!" Da wurden mir die Knie dann doch etwas weich. Zwar hatte ich für jeden Tag meinen Stempel, aber einmal war ich doch hinter einer hübschen Russin her in der Gegenrichtung gefahren, ich hatte sie beim Baden an einem Flußufer angesprochen und auf sie ohne Uniform vielleicht nicht so abschreckend gewirkt — aber das waren insgesamt nur acht Stunden gewesen, acht Stunden in vierzig Tagen! —

Nun, es blieb bei einigem Stirngerunzle; ich bezog wieder meinen Steyr-Lkw mit dem geräumigen Staufach unter dem Funkgerät, in dem alle meine Bücher unversehrt liegen geblieben waren, ich schlief wieder auf der dicken Steppdecke des Funkstellenleiters, eines Unteroffiziers aus Wien, der Biebl hieß und Stalingrad leider nicht überlebt hat.

Einen Ausspruch dieses eleganten, gepflegten, offensichtlich aber aus dem Proletariat kommenden jungen Mannes habe ich mir eingeprägt, als wir von russischen Tieffliegern geärgert wurden und mit unseren Karabinern hinter den langsamen Maschinen herballerten. Sie waren kaum verschwunden, als ich mein Gewehr wieder sorgfältig einpackte und hinter dem fest eingebauten Funkgerät verstaute.

„Sie tun ja, als würden Sie Ihr Gewehr nie wieder brauchen?" frage Biebl amüsiert.

„Ich will es nur schonen!"

„Sie Trottel: Was wird im Krieg schon geschont!"

Ich verdanke ihm in gewissem Sinn meinen Dauerwohlstand in den 14 Rußlandmonaten. Ich hatte als Nachtdienstfunker eine besonders hohe Zigarettenration, rauchte aber nur anfallsweise und verschenkte meine Zigaretten an den Fahrer und die anderen Funker.

„Das geht nicht!" stellte Biebl fest. „Die Zigaretten sind ein Teil der Wehrmachtsverpflegung. Ihr dürft das nicht immer wieder vom Schreiber annehmen. Was ihr ihm dafür gebt, ist mir egal, aber er muß irgend einen Gegenwert erhalten!"

Fortan hatte ich stets, auch im tiefsten Winter, Wodka und Schokolade im Überfluß, konnte aus den Liebesgabenpaketen als erster wählen und brauchte nie unter dem Fahrzeug zu liegen, wenn wieder einmal der Auspuff abgerissen war. Nur den Dienst am Gerät konnte mir niemand abnehmen, weil der Divisionsfunker weit hinten seine Sprüche in einem Affentempo absetzte, dem kein anderer gewachsen war.

Als mich dennoch einmal eine der lästigen Bürden erreichte, als ich vierzig wegen ihrer nassen Mäntel entsetzlich stinkende, Machorka rauchende Kirgisen bewachen sollte, hatte ich das Glück, daß ein höchst geheimer Funkspruch vom Korps ankam, Biebl hatte ihn in meiner Abwesenheit aufgenommen, aber der bei den vordersten Truppenteilen übliche Kastenschlüssel versagte vor den rätselhaften Buchstabenkolonnen. Der Spruch war von den ahnungslosen Funkern im Korps-Hauptquartier mit der Maschine verschlüsselt worden, der vielumraunten *Enigma*. Man hatte ein Exemplar des kostbaren Apparates im Gepäck unseres Kommandeurs gefunden, aber niemand außer mir konnte es bedienen. Als man mich schließlich in meinem Dunstbunker entdeckte, bekam jener mißgünstige Feldwebel, der mich zu den Kirgisen eingeteilt hatte, den Anpfiff seines Lebens und haßte mich fortan noch mehr.

Zehn oder vierzehn Tage nach meiner Rückkehr zu den Panzerjägern oder präzise ausgedrückt zum Stabnachrichtenzug der P46 hatte der Truppenarzt Zeit für mich. Er war viel unterwegs, die Kompanien hatten weit auseinandergezogen biwakiert, aber schließlich stand ich doch vor ihm. Wir kannten uns ein wenig: Er hatte bei einer Untersuchung in Frankreich entdeckt, daß ich unter den ärarischen Unterhosen eigene weiche Slips trug und mich deswegen angepflaumt. Vor meiner Ferntrauung in Polen hatte er mich auf Ehetauglichkeit untersucht, im Herbst und Winter hatte er zwei kleine Verwundungen behandelt, die ich bei verschiedenen Gelegenheiten erlitten hatte, die eine an der Stirn, die andere durch Handgranatensplitter am rechten Daumenballen, und nun studierte er den Überstellungsbrief aus Kiew, das Meisterwerk von Doktor Jakob Volhard.

»Das war also eine ganz schwere Gelbsucht«, stellte er fest, „und nun soll ich Sie hier von der Front in Genesungsurlaub schicken! Wie sind denn Ihre Stühle jetzt?"

„Breiig, Herr Stabsarzt."

„Das ist doch ideal! Und Sie wollen in Genesungsurlaub fahren?"

„Breiig schon, Herr Stabsarzt", gab ich zu und überlegte verzweifelt, „aber sie sind ganz weiß!"

Es war der rettende Einfall, lebensrettend, wie ich heute weiß.

„Sie haben weißen Stuhl?" schrie der Stabsarzt, „und so etwas schickt man uns an die Front? Haben die nicht genug an dem ersten Icterus-Winter? Ich weiß noch nicht, wie ich's mache, aber Sie fahren."

Nach Genesungsurlaub und Genesungskompanie kam ich, nicht mehr fronttauglich, auf eine Feste Funkstelle. Nun sind zwar die Festen Funkstellen der Traum jedes Nachrichtenmannes, vor allem, wenn er Tausende von Kilometern mit einem Behelfsfahrzeug zurückgelegt hat, in der russischen Steppe keine Bäume fand, über die man das Antennenkabel schmeißen konnte und, wenn der Wagen steckenblieb, das dreißig Kilo schwere hartkantige Ungetüm von Funkgerät hatte auf dem Rücken tragen müssen. Aber ich hatte mich an die Fronttruppe gewöhnt. Innerhalb der eher primitiven, aber mit hohen Auszeichnungen und reichlich Kampferfahrung gesegneten Gemeinschaft der Panzerjäger fühlte ich mich wohler als in dem hysterischen Intellektuellenklub der Nachrichtenleute, bei denen ich 1940 ausgebildet worden und dann als Funker an eine andere Waffengattung abgegeben worden war. Das kleine alte Freistadt im Mühlviertel war vom Bombenterror verschont geblieben, der Stadtplatz war traulich und österreichisch, als hätte es den März 1938 nie gegeben, und wir hatten in einem Haus, das seit Jahrhunderten einer Fleischhauerfamilie gehörte, ein Zimmer gemietet, in dem meine Frau, damals Lehrerin, bei ihren Besuchen wohnen konnte und mich mit den reichlichen Aufschnittplatten regalierte, die uns die Wirtsleute markenfrei hinaufschickten.

Dazu war aber anderes, Wichtigeres gekommen. An den dienstfreien Sonntagen konnte man mit vertrauenswürdigen Gefährten Wanderungen ins nahe Hügelland unternehmen oder zu den Kunstschätzen des Mühlviertels wie dem Altar von Kefermarkt. Da war man in den Wiesen allein, unbelauscht, selbst zu Bekenntnissen aufgelegt und dem Bekennen anderer geöffnet. Das half viel, wenn man 23 Jahre alt war, wenn sich der Krieg gewendet hatte, wenn man an die Kameraden denken mußte, die in Stalingrad geblieben oder in Gefangenschaft geraten waren.

Es war an einem dieser Sonntage, daß ich zum erstenmal Näheres über die Konzentrationslager erfuhr. Daß es in Dachau eines gab, wußten wir Österreicher, man hatte es ja 1938 mit Politikern und Honoratioren aus Wien aufgefüllt, darunter Dr. Viktor Matejka, der ältere Bruder meines Französischlehrers und Freundes. Als Viktors Frau Besuchserlaubnis in Dachau erhalten hatte, wurde sie durch einen Irrtum in einen Warteraum im ersten Stockwerk geführt, von dem aus sie über einen Hof hinblicken konnte. Von dort sah sie, wie Häftlinge im Hof zusammengeschlagen wurden und erlitt einen Schreikrampf.

Dieser Bericht, privat und verläßlich, hatte mich überzeugt, daß die Nazis mit ihren politischen Gegnern nicht glimpflicher verfuhren als nach 1934 die Austrofaschisten im Lager Wöllerstorf; aber vom wahren Ausmaß des *Univers concentrationnaire*, wie es später international genannt wurde, hatte ich keine Ahnung. Judenvernichtung, Vernichtungslager und ähnliche Begriffe waren mir an der Front nie zu Ohren gekommen, die jüdische Besitzerin unseres Badener Wohnhauses hatten wir Schreiberbuben — mein Bruder und ich — 1938 mit vergleichsweise geringer Mühe gegen Übergriffe schützen können. Als sie später nach Theresienstadt gebracht wurde, waren wir längst in Uniform und weit weg von zu Hause.

Es war nach einer Stunde vor dem spätgotischen Schnitzaltar von Kefermarkt, daß mein etwas älterer

Kamerad Geza von Mukarovsky den Augenblick gekommen fühlte, mir von den großen Vernichtungslagern im Osten und den Frauen-KZs zu erzählen. Wir saßen im Gras, rundherum war Mühlviertler Frieden, der tiefste, den Österreich zu bieten hat, und es ging mir wie zwölf Jahre zuvor, als man mir sagte, mein Vater sei gestorben: Mein Verstand faßte es nicht. Es waren Fakten, die mein sonst schon ganz gut trainiertes Gehirn sich aufzunehmen weigerte, trotz allem was ich auf den Vormarschstraßen in Rußland gesehen hatte. Und natürlich folgte dann, als ich begriffen hatte, auch die Überlegung, was zu tun sei, was getan werden könne. Geza informierte mich über erste Widerstandszellen in Wien, Linz und Amstetten, gestützt auf Ortskommandaturen, Truppenärzte und Mannschaften, soweit sie reisen konnten, ohne sich verdächtig zu machen.

Da hinein platzte dann der Anruf eines Schreibstuben-Unteroffiziers: Auf seinem Schreibtisch liege der Befehl aus Wien, der mich zur Nachrichtentruppe zurückversetzte, bei der ich ja seinerzeit ausgebildet worden war: Ein Schreiben des Korpskommandos vom Stubenring.

„Sie müssen ja ausgezeichnete Beziehungen haben", stellte der Unteroffizier fest, „aber freuen Sie sich nicht zu früh. Ihre Anforderung ist damit begründet, daß Sie in Ihrer Doppeleigenschaft als Funker und Schlüssler für eine Feste Funkstelle im Böhmerwald gebraucht werden. Und die Funker sind die ersten, denen die Tschechen die Gurgel durchschneiden, wenn's soweit ist!"

Er gab sich also nicht einmal mehr die Mühe, mir den Durchhalte-Glauben vorzuspielen; das Protektorat Böhmen und Mähren war in Freistadt nahe, und von dort sickerte allerlei herein, was man schon in Linz nicht mehr wahrhaben wollte.

Zwischen Wien und Krumau lagen ein paar Wochen Wiener Kasernen-Aufenthalt, die mir trotz der Nähe der Familie ganz und gar nicht behagten. Ich war ja, ohne für Deutschland oder gar für Hitler begeistert zu sein, bei der Ausfahrt aus Krasnik in den Einsatz am Bug in einer Art Hochstimmung gewesen. Daß es nun ernst würde, hatte überhaupt keine Rolle gespielt gegenüber der Tatsache, daß der Drill zuende war, daß das Abenteuer begann. Und nun, zwei Jahre später, wußte ich zwar, was der Krieg war, aber jedes Erdloch, jede Bauernkate wären mir lieber gewesen als die öden Gänge der Meidlinger Kaserne mit den Popanzen, die dort das Kommando führten und denen ich mich nun, nach der Fronterfahrung, noch weniger unterordnen wollte als in der Rekrutenzeit.

Wie ein Rekrut mußte ich wieder jene lächerliche Ausgehuniform in den Spind hängen, mit steifem Kragen und dicken Manschetten, im vierten Kriegsjahr ein Anachronismus und mir obendrein besonders verhaßt, weil sie den Uniformen des Theresianums ähnelte. Diese Wiener Nobelschule für Söhne mit Beziehungen verachteten wir Zöglinge der Bundeserziehungsanstalt maßlos, weil wir immer wieder feststellen konnten, daß Schüler, die bei uns nicht mitkamen und abgehen mußten, dann im Theresianum auftauchten und dort glänzende Zensuren hatten.

Um nicht als Pseudo-Theresianist durch Wien wandern zu müssen, legte ich also zum Wochenendurlaub meine Felduniform an und trug dazu über der Schulter eine Russentasche aus Sackleinwand, die sich im Feld für meine Wodka- und Schokoladenvorräte als besonders praktisch erwiesen hatte. So sah mich einmal der Spieß, also der Hauptfeldwebel der Nachrichtenkompanie, winkte mich heran, betrachtete mich mit der ganzen wohlbegründeten Abneigung des Heimatsoldaten gegen die Frontheimkehrer und brüllte dann:

„Sie sehen ja aus wie der letzte Mann von Stalingrad ... Marsch ins Quartier, Ausgehuniform anziehen und wieder bei mir melden!"

Was dann auch geschah, denn wer will schon ein Wochenende zu Hause einer Kleidervorschrift opfern.

Ein paar Wochen später war auch dieser Spuk vorüber. Ich reiste per Bahn nach Krumau in Böhmen, auf eine winzige Funkstelle inmitten dichter Wälder, am Fuß des Dreisesselberges. Noch ahnte ich nicht, daß ich an diesem verwunschenen Ort zwar nicht gerade zur Literatur, aber doch zur Germanistik zurückfinden sollte: Im tiefsten Stifter-Frieden über der Egon-Schiele-Stadt an der Moldau konnte ich, wunderbar abgeschirmt gegen alle Störungen, in Hunderten von Nachtdiensten meine Doktorarbeit fertigschreiben, von der es ja erst vierzig Seiten gab.

Siebzehn Bände im Spind

Die Fakten jener Tage und Monate sind vergleichsweise leicht wieder heraufzurufen; kaum zugänglich aber ist mir meine Seelenhaltung, und es ist zweifelhaft, ob der dreiundzwanzigjährige Hermann Schreiber mir deutlicher würde, hätten die sieben oder acht dicken Hefte meiner Kriegstagebücher sich erhalten. Die Widersprüche sind kaum auflösbar. Als ich 1992 einen Aufsatz über Montaigne schrieb, entdeckte ich in dem vertrauten, kleinen blauen Band von Kröners Taschenausgaben die Eintragung, daß ich ihn 1939, also mit neunzehn Jahren, erworben hatte. Da ich damals sehr genau überlegen mußte, für welches Buch ich meine geringen Mittel einsetzte, muß Montaigne mir viel bedeutet haben. Ich war also früh belesen, interessiert, ich entsinne mich verblüffender Triumphe etwa in Moldenhauers Symbolisten-Seminar gelegentlich von Mallarmé-Deutungen, obwohl ich Romanistik gar nicht studierte. Auch im germanistischen Hauptseminar hatte ich Josef Nadler ein anerkennendes Lächeln entlockt, als es mir gelungen war, die Entstehung von Eichendorffs Roman *Dichter und ihre Gesellen* just zu dem Zeitpunkt aus Briefen, Tagebuchnotizen und anderen Bezügen klarzulegen, als in der historisch-kritischen Eichendorff-Ausgabe der Band mit diesem Roman erschien und ich dastand wie jener Bauer aus der Ukraine, der, für sich allein grübelnd, die Integralrechnung erfunden hatte. Ich war für meine Jahre also einigermaßen gebildet, leistete, was füglich erwartet werden konnte, begegnete der Welt und dem Weltgeschehen jedoch mit einer mir heute absurd erscheinenden Naivität. Immer wieder versuche ich von meinem 1964 geborenen Sohn auf meine damaligen Zustände zurückzuschließen, aber es will mir nicht gelingen. Ich habe noch heute einen Kern aus jener Naivität in mir, gefährlich sicherlich, vermutlich aber auch nützlich für den schreibenden Schreiber. Dies gestattete mir, Abend für Abend vor meinem Spind Literatur und Schreibutensilien zusammenzusuchen und die Treppe zum Funkraum hinaufzusteigen, eine lange Nacht unter dem Böhmerwaldhimmel vor mir, lautlos bis auf das Rauschen der alten Continental Silenta, einer gewaltigen Schreibmaschine von so leichter, flüssiger Gangart, daß man selbst bei den heutigen elektrischen Schreibmaschinen sehnsüchtig an sie denkt.

Es gab seit 1942, Gerhart Hauptmanns achtzigstem Geburtstag, eine Art Gesamtausgabe seiner Werke, heute genannt Ausgabe letzter Hand. Die 17 Bände waren im papierarmen Deutschland des vierten Kriegsjahres ein Rarissimum ersten Ranges, aber die kleine Gemeindebücherei von Krumau hatte alle 17 Bände zugeteilt erhalten. Niemand war auf sie vorgemerkt, und eine einsichtige Bibliothekarin hatte mir die Kostbarkeit komplett mit auf die Funkstelle gegeben, wo die Bände fortan die obersten Etagen meines Mannschaftsspindes füllten.

Mein Thema war zunächst der Traum in der Dichtung gewesen, hatte sich von der Dichtung im Allgemeinen auf drei schlesische Dichter eingeschränkt (die Brüder Hauptmann und Hermann Stehr) und war endlich, natürlich mit dem Einverständnis Josef Nadlers, auf das Werk Gerhart Hauptmanns konzentriert, aber auf das ganze Gebiet irrationaler Motive in seinen Arbeiten erweitert worden. Ein Kapitel, benannt *Die Magie des Elementaren*, hatte ich noch vor dem Einrücken in Baden schreiben können, angeregt und getragen von der köstlichen Erzählung *Das Meerwunder* und den suggestiven Illustrationen, die Hans Meid dazu geschaffen hatte. Nun aber kam die Knochenarbeit, das ganze Werk durchzupflügen, angefangen von der alphaften, ja zwanghaften Erotik, wie sie seit der Begegnung mit Ida Orloff (von der ich nur die Spiegelungen im Werk kannte) Romane, Novellen und Dramen durchwaltete, bis zu den Wahnzuständen des *Großen Traums*, in denen Hauptmann offensichtlich einer Gegenwart zu entrinnen versuchte, die er nicht mehr begriff.

Es wurde in späteren biographischen Darstellungen oft als eine besondere Leistung bezeichnet, daß ich unter diesen Umständen eine Doktorarbeit schreiben konnte, die noch ein halbes Jahrhundert lang immer wieder zitiert, diskutiert und ausgeschrieben wurde. Heute, da ich um das Wunder der Konzentration und ihrer segensreichen Diktate weiß, ist mir hingegen klar geworden, daß ich zu Hause, umgeben von meinen vielen Büchern, neben Frau und Mutter und Freunden diese Arbeit nicht so gut hätte leisten können. Die Nachtstunden, die völlige Einsamkeit mit dem Text des Dichters, aber auch meine eigene Unverbrauchtheit wirkten zusammen zu Deutungen und Erschließungen, wie sie als normale Schreibtischarbeit nie zustandegekommen wären.

Die Lektion war wichtig und heilsam; ich blieb ein einsamer Arbeiter, verschloß mich lebenslang jedem Teamwork und verlor eigentlich nie jene Sicherheit im Umgang mit der Sprache, die mir in den vielen Nächten, in denen ich niemanden fragen konnte, zugewachsen war. Es gab kein Kolloquium wie für die anderen Doktoranden; ich entsinne mich auch keines brieflichen Gedankenaustausches aus jener Zeit. Die Arbeit wurde eingereicht, Josef Nadler äußerte gegenüber meiner Emissärin, die über einen Rigorosentermin verhandeln sollte, einen sehr schmeichelhaften Vergleich, den ich nur zu gerne schriftlich besitzen würde, und die Vorbereitung auf die Prüfung konnte beginnen.

Es erwies sich als günstig, daß ich mich auf nicht allzuviele Vorlesungen beschränkt, diese dann aber regelmäßig besucht hatte. Auch Friedrich Kainz kannte mich gut aus dem Kolleg, in dem er nie mehr als acht oder zehn Hörer gehabt hatte, darunter den später berühmt gewordenen Lyriker Rudolf Bayr, ein Jahr älter als ich, ein Dichterjüngling von ephebenhafter Schönheit, der stets mit demselben hochgewachsenen Mädchen erschien. Für Kainz hatte ich den Wälzer des Ästhetikers Ziehen durchzuarbeiten; beim Prüfer im Nebenfach Reine Philosophie hatte ich es dagegen leicht: Reininger und Dempf lasen nicht mehr, Roracher sprang ein und gab mir ein attraktives Beziehungsthema (Nietzsche und Schopenhauer), so daß ich mich auf den ungeheuren Stoff der Germanistik konzentrieren konnte.

Ich hatte stets leicht, aber wenig gelernt. Ich las und las also auch jetzt in der Annahme, es würde schon etwas hängenbleiben, und es wäre gewiß zu wenig hängen geblieben, hätte mir nicht der Funkstellenleiter, ein Unteroffizier namens Dr. Alfred Schlegel, eine vernünftige Technik beigebracht: Er hatte als Jurist nämlich jenes gnadenlose Büffeln erproben müssen, wie ich es zumindest für die spröderen Partien meines Stoffes, die Barockdichtung, die Vorklassik und anderes brauchte. Schlegel war übrigens sehr musikalisch, und da diese Musikalität eine Hauptvoraussetzung für jenes schnelle Aufnehmen von Funksprüchen ist, wie es die Festen Funkstellen verlangten, hatten wir außer ihm, dem sehnsüchtigen Enthusiasten, noch einen Klaviervirtuosen auf der Funkstelle und den Sohn eines Dirigenten, der — wenn er Nachtdienst hatte — an einer großen Oper über einen mythischen Stoff arbeitete. Der einzige amusische Mensch unter uns war auch der einzige Nazi, ein Volksschullehrer aus Oberösterreich, der indessen andere Vorzüge sein eigen nannte, von denen noch die Rede sein wird.

Die Konstellation war der Bildung eines kleinen Musenhofs recht günstig. Unteroffizier Schlegel ließ, kaum daß er den Vorgänger, einen Wiener, abgelöst hatte, einen Flügel (!) zu unserem Funkenhügel heraufschaffen, auf einem Karrenweg! Es war ein Vorgang, wie ihn George Sand und Chopin auf Mallorca nicht absurder erlebt haben können. Auf diesem Flügel wurde nun alles gespielt, was vierhändig gesetzt oder umgesetzt worden war; jeden Tag kam ein anderer Kalenderspruch an die Wand, den der Nachtdienst auszusuchen hatte, und es waren wunderbare Funde darunter, die einen über den Tag hinaus trösten konnten. Selbst das weibliche Element fehlte nicht ganz, denn der Virtuose, er stammte glaube ich aus dem Rheinland, hatte eine so wunderschöne Frau, ein entzückendes Wesen von mädchenhaftem Charme, daß Schlegel sich über alle Vorschriften hinwegsetzte und sie bei jedem ihrer Besuche auf der Funkstelle übernachten ließ, obwohl eine Etage über den Schlafräumen die Schlüsselmaschinen und anderes Geheimzeug herumstanden.

Nach Gelbsucht und Zwölffingerdarmgeschwüren nicht mehr frontdienstfähig, hatte ich Anspruch auf Diät, und diese kochte eine dicke, aber appetitliche Böhmin strahlend und freundlich, wobei sie sich täglich aufs neue selbst übertraf und unsere Böhmerwald-Idylle auch in dieser Beziehung vollkommen machte, so vollkommen, daß man das Ende schon nahen fühlte: Die Funkstelle wurde aufgelassen, und wir übernahmen die Feste Funkstelle in der Schloßkaserne hoch über der Stadt Linz, was die Rückkehr in den militärischen Betrieb bedeutete. Dazu kamen Fliegerangriffe, Truppenärzte, Kontrollen — die Wirklichkeit des Krieges.

Die siebzehn Bände Gerhart Hauptmanns blieben in Krumau, aber die Dissertation war fertig, und die Skripten und Bücher für die Prüfungsvorbereitung ließen sich bei der ohnedies ziemlich umfangreichen Übersiedlung ohne Aufsehen unterbringen. Sehr glücklich waren wir nicht, unsere Berghütte im Böhmerwald war so schön isoliert gewesen, freiwillig war dort niemals ein Offizier aufgetaucht. In Linz erwarteten uns völlig neue, uns eng umgebende Beziehungen: Meine Schwiegereltern gehörten zum Linzer Großbürgertum, und Unteroffizier Dr. Schlegel war gar Sohn eines früheren Landeshauptmanns. Die angenehme Anonymität, im Hitlerstaat dreimal so wertvoll wie heute, war beim Teufel.

Das Linzer Schloß, seit Generationen als Kaserne und vorher wohl als Gefängnis genutzt, beherrschte auf seinem Felsen die ganze Stadt. Die Anlage war altertümlich, aber reizlos: es gab Tore, Einfahrten, Höfe und an einem der Innentore in einstigen Wachlokalitäten die Funkstelle, der man seit dem Zunehmen der Bombenangriffe eine gewisse Bedeutung beimaß, weil die Telefonleitungen oft stundenlang gestört waren. Zwischen dem Haupteingang und der Funkstelle konnten wir uns, als Angehörige einer selbständigen Dienststelle der Ortskommandantur, frei bewegen; der Zugang zu den weiter innen liegenden Höfen war nicht immer gestattet, weil dort die Exekutionen von Deserteuren stattfanden. Mehrmals mußten wir die sehr höflichen, aber stets ein wenig verängstigten Offiziere eines ungarischen Verbindungsstabes bei uns aufnehmen, deren Dienststelle dem Erschießungsgelände noch näher lag als die unsere.

Wir saßen also zwischen dicken Mauern, hinter kleinen Fenstern, und bei Fliegerangriffen war in ganz Linz niemand so sicher wie wir, weil eine endlose, sicherlich früher höchst geheime Treppe aus der Schloßkaserne in den Luftschutzstollen hinunterführte. Unterbringung und Verpflegung waren schlechter als im Böhmerwald, man stand in endlosen Schlangen beim Essenfassen, aber die Kontakte, die auf diese Weise möglich wurden, die Berichte, die von den Fronten durchreisende andere Soldaten gaben, wurden von Tag zu Tag interessanter. Hier war es auch, daß ich später völlig verunsicherte Männer der in Italien stehenden Kesselringarmee traf, die kapituliert und geschworen hatten, nicht mehr zu kämpfen. Nun empfingen sie aber wieder Verpflegung, wurden ein- und umgegliedert, und hätten sie allzuviel von ihrer Kapitulation geredet, so hätten sie zweifellos den Weg in jenen düsteren Hinterhof antreten müssen.

Unser Dienst ging in einem sogenannten Dreierturnus vor sich; der Nachtdienst wechselte um zwei Uhr morgens, danach hatte man die verbliebenen Nachtstunden, einen ganzen Tag und eine ganze Nacht frei, eine sehr günstige Einteilung, die dadurch möglich geworden war, daß der Klaviervirtuose freiwillig den ständigen Tagdienst übernommen hatte, bei dem er wie ein Büroangestellter allabendlich um 18 Uhr frei war.

Ich lernte angestrengt unter den mitleidigen Blicken meiner Skat spielenden Kameraden und hatte nur wenig Zeit für die damals noch ganz reizvolle Donaustadt. Meine Frau, die das sogenannte Absolutorium, eine stillen Studienabschluß ohne Prüfungen hatte, war als Lehrerin in Baden bei Wien dienstverpflichtet, wo wir auch eine sehr schöne

Wohnung besaßen. War sie nicht in Linz, dann verbrachte ich viel Zeit in einer großen, zentral gelegenen Buchhandlung mit einem sehr bodenständigen, mir inzwischen entfallenen Namen. Die Bestellbuchführerin war eine Mischung aus Anmut und Unschuld, von einzigartigem Liebreiz. Ein schnurrbärtiger Bräutigam und Kollege beäugte uns so argwöhnisch, daß nicht einmal ein Händchenhalten möglich war; also verwandelte sie die mir zugedachten Zärtlichkeiten in Diensteifer und besorgte mir noch in diesem vorletzten Kriegsjahr, was immer an Lesenswertem erschien, in erster Linie wohl gute Ausgaben unserer großen Dichter. Gegenwartsautoren waren die Ausnahme, und als sie eines Tages gar einen Werfelroman für mich hatte, errötete sie — nicht etwa vor Freude über den gelungenen Fund in irgendeinem Nachlaß, den die Buchhandlung angekauft hatte, sondern zutiefst erschrocken von der Tatsache, daß sie einen jüdischen Autor über den Ladentisch gehen ließ.

Die Szene ist mir unvergeßlich, aus den verschiedensten Gründen: Einmal, weil ich seither soviel unschuldsvoller Verführung nie wieder begegnet bin. Zum andern aber erlebte ich, selbst erst seit fünf oder sechs Jahren wissend, die wesenhafte, den ganzen Menschen erfassende Verbindung nicht zwischen Hitler und einer jungen Linzerin, sondern zwischen der Jugend und der herrschenden Gedankenwelt, an der vorbeizudenken gar nicht so einfach war. Politik hatte sich in Religion verwandelt, Zweifel war zur Sünde geworden, und das ein paar Kilometer in der Luftlinie von einem Lager wie Mauthausen. Wie mögen sich in diesen blanken Augen die Elendsgestalten gespiegelt haben, die ein Jahr darauf aus den aufgelösten Lagern durch die Straßen von Linz wankten?

Es gab also wieder Frauen und Mädchen, selbst für unseren Dorfschullehrer, der es auf eine mir unvergeßliche Weise zu einem besonders schönen Geschöpf gebracht hatte ... Wir waren zu einer Gasmaskenüberprüfung in eine entfernte Kaserne befohlen worden und warteten dort in einer Halle, in der eine junge und üppige Blondine am Klappenschrank saß, offensichtlich das einzige weibliche Wesen unter fünfzig Offizieren und mindestens siebenhundert Mann. Während ich noch grübelte, wie sie es in dieser Situation wohl anstellte, ihre Gunst gleichmäßig zu verteilen, hatte sich der Lehrer schon von unserer Seite gestohlen und mit ihr zu plaudern begonnen. Er blieb danach stundenlang verschwunden und traf, halbtot von Schmerzen und Blutverlust, erst gegen zwei Uhr auf der Funkstelle ein, wo er ja den Dienst von mir übernehmen sollte: Die unnahbare Telefonistin hatte sich nach ihrem Dienstschluß mit ihm in ein nahes Kornfeld begeben und sich dort mit ihm so anhaltend vergnügt, daß ihm die Haut an der Eichel platzte. Ich mußte den Tagdienstmann wecken und den verletzten Liebhaber ins Lazarett bringen ...

Seither glaube ich an geheime Signale, von Männchen eher als von Männern ausgehend und von Herren schon kaum mehr. Er war nämlich alles andere als schön: untersetzt, von dunklem Teint, mit einer Knollennase über wulstigen Lippen, somit wohl faunisch für den Wissenden — aber hatte die Schöne vom Klappenschrank jemals eine Abbildung von einem jener potenten Halbgötter gesehen? Welche priapischen Odeurs hatten seine primitive Suada unterstützt?

Der Termin für die Rigorosen nahte heran. Ich hatte meinen Erholungs- (genannt: Gebühren-)Urlaub so exakt bemessen dürfen, daß ich drei Wochen zu angestrengtestem Pauken für Gotisch und Althochdeutsch hatte und dann, gegen Ende des Urlaubs, die gestrenge Prüfung. Obwohl ich nur Obergefreiter war, nahm nicht nur die Linzer Funkstelle, sondern auch die Wiener Zentrale an meinem privaten Krieg gegen den Krieg teil, an dem für aussichtslos gehaltenen Versuch, ohne Studienurlaub und im grauen Rock den Doktor zu machen. Und als sich nun ein gutes Ende abzeichnete, fieberten die Kameraden beinahe mehr als ich, ohne eine Spur von Neid oder Abneigung gegen den Intellektuellen.

In Wien stand eine erlesene Truppe von Helferinnen bereit, Kolleginnen, die für mich alle Hürden der Universitäts-Bürokratie genommen hatten (man konnte sich am Donez schließlich keine Testuren holen), und eine ehemalige Assistentin des schwierigsten Professors, der das Alte Fach, also Althochdeutsch und Mittelhochdeutsch, prüfte. Sie hatte mich nicht nur in genial-konzentrierten Kursen gedrillt, sondern auch auf seine Eigenheiten vorbereitet, die vermutlich andere Prüflinge schon in Panik versetzt hatten: Bei ungenauen oder gar unrichtigen Antworten werfe er beide Arme anklagend in die Höhe, beginne verzweifelt damit herumzurudern und zu rufen: Faaalsch! Gaaanz faaalsch!!! — Verlor man dann den Kopf, dann war es wirklich aus. Blieb man ruhig, so beruhigte sich auch Dietrich von Kralik, ja bemühte sich sogar, dem Kandidaten über diesen Ausbruch hinwegzuhelfen.

Ich lebte in Baden bei Wien, durch eine in Dichtungen, Liedern und Schlagern wiederholt behandelte gemächliche Lokalbahn mit der Wiener Opernkreuzung verbunden. Um mich zu beruhigen, hatte ich so ausgiebig Sedativa geschluckt, daß ich überhaupt nicht mehr denken konnte, aber der erste Prüfer war Roracher, munter, ja heiter, entgegenkommend und eher amüsiert, als ich nicht einmal mehr die Lebensdaten Schopenhauers wußte. Die Prüfung entwickelte sich zum Gespräch, und als ich wieder im Warteraum saß, kam er nach dem Eintragen der Note noch einmal zu mir und gratulierte mir vor allen anderen Kandidaten. Das weckte den Ehrgeiz und blies die Barbiturate aus den Gehirnwindungen; das war auch gut so, denn bei der verkniffenen Pseudowissenschaftlichkeit der Ziehenschen Ästhetik mußte ich viel denken und selbst entwickeln. Endlich brach Friedrich Kainz ab mit dem Bemerken, die letzte Frage sei wohl für einen Nebenfachkandidaten zu schwierig gewesen, im Ganzen sei es aber recht ordentlich gewesen, er wünsche mir alles Gute.

Nun gab es noch Kralik, die Klippe, und Nadler, auf den ich mich freute, wann hatte er schon soviel Zeit für mich gehabt wie er nun, im Rigorosum, haben mußte!

Kralik, zunächst mehr nervös als ich, suchte nach dem vereinbarten Text, dem *Gregorius* des Hartmann von Aue, hatte aber vergessen, ihn mitzunehmen: Bestünde ich auf der vorbereiteten Unterlage, so müsse er sie aus dem nahen Institut holen lassen, andernfalls könnte man zum Beispiel einen Gesang des Nibelungenliedes als Ersatz wählen.

Es war eine glückliche Fügung: Selbst wenn ich einen nicht vorbereiteten Text nur mühsam bewältigte, konnte er mich fairerweise nicht durchfallen lassen. Ich stand stramm, ließ die Orden klimpern und erklärte mich auf Gedeih und Verderb einverstanden. Die Arme gingen nur einmal hoch, ja er unterdrückte sogar das *Gaanz faalsch* und gab mir schließlich ein Gut.

Josef Nadler war dann die große Erlösung, die Entspannung, genau genommen die Belohnung für all die Mühen und die Aufregung. Es war Mittag geworden; der kleine, lebendige Mann, für mich damals wie heute das Genie in Person, ließ den Blick über die nebeneinander hockenden Kandidaten gleiten, zog mich dann schnell ins Prüfungszimmer und seufzte: „Die werden alles wissen und doch gar nichts. Für sie alle besteht die Literatur aus Jahreszahlen..."

Es waren fünf Fragen, offenbar waren soviele vorgeschrieben, schließlich war er der Doktorvater und der Hauptfachprüfer, und es war bekannt, daß er nie zur Dissertation fragte, der Stoff war also in keiner Weise eingeschränkt. An die erste Frage erinnere ich mich nicht mehr. Die zweite war Jakob Böhme, ein Entgegenkommen, er wußte ja, daß ich mich mit Schlesien beschäftigt hatte. Danach kam die Goethefrage, ich glaube zu *Herrmann und Dorothea*. Ein wenig, aber auch nur ein wenig brenzlig wurde es bei Frage vier nach Heinrich von Kleists Zeitschriftenunternehmungen, und dann sagte er nur zwei Worte: ‚Rilke, Stundenbuch!'

Er hatte in Freiburg, in Königsberg, in Wien Tausende von Germanisten geprüft, er kannte die Gepflogenheit, einem guten Kandidaten zum Schluß die Gelegenheit zum Glänzen zu geben. An sich war es überflüssig, wir waren zu zweit, er wußte genug von mir aus zwei Seminararbeiten und der Dissertation, aber er löste den Mechanismus aus, der mir die große Befreiung brachte, vielleicht auch, weil er aus meinen Briefen wußte, wie sehr mich Rußland beeindruckt hatte, so daß ich dem Rilkeschen Rußlanderlebnis nun ein eigenes entgegensetzen konnte.

Meine Helferinnen versorgten Gemahlin und Verwandtschaft mit Telefonbulletins, ohne natürlich Genaues zu wissen. Das letzte Bulletin in Richtung Linz und Baden bei Wien lautete: ‚Wir wissen nicht genau, was los ist, aber eines steht fest: er strahlt.'

Nadler dagegen hatte seine Geschäftsmine aufgesetzt, blickte auf die Taschenuhr und sagte: ‚Mittag, meine Damen, Sie gönnen mir doch die Essenspause?' Wie im Traum trat ich mit ihm ins Freie, tat die paar Schritte in Richtung Zweierlinie, saß ihm dann wortlos und befangen am Wirtshaustisch gegenüber. Ich war ausgebrannt und er offensichtlich nach einem Vormittag der Prüfungen müde, aber es tat uns gut, einander gegenüberzusitzen nach einer Trennung von vier Jahren.

Ich habe seither natürlich feststellen müssen, daß Josef Nadler auf eine für seine Hörer unbegreifliche Weise mit dem Nationalsozialismus in Zusammenhang gebracht wird, als sei er ein Adolf Bartels. Leider gibt es im vierten Band der vierten und letzten Auflage seiner großen Literaturgeschichte einige Wertungen, auf die sich seine Gegner dabei stützen können, vor allem hinsichtlich so dürftiger Begabungen wie Dietrich Eckart oder Autoren, die wie Hanns Johst und Hermann Graedener gut begannen, als NS-Barden dann aber vom großen Gestus und der konformistischen Phrase lebten. Ich glaube, Nadler hat diese Zugeständnisse gemacht, um für sein Riesenopus selbst in schweren Kriegszeiten die tatsächlich auffallend kostbare Ausstattung zu sichern. Keines seiner Zweckurteile, die gerade seine Schüler am tiefsten bedauerten, hat aber den Lyrikern und Erzählern des Dritten Reiches zum Überleben verholfen; dauernder Schaden wurde gewiß nicht gestiftet. Wie fein er sich zu distanzieren vermochte, wie er zwischen den Zeilen Anacker und Schirach als Gelegenheitslyriker apostrophierte, das nachzulesen (IV, 382) ist heute noch ein Vergnügen.

Die Krise kam erst am späten Abend, als ich zu Hause in Baden einzuschlafen versuchte. Der ganze ins Gehirn gepferchte Wissensstoff wollte sich offenbar zugleich auf und davon machen, und das Gedränge unter meiner Schädeldecke war gewaltig. Mein Urlaub währte noch 48 Stunden, den Samstag und den Sonntag. Es hatte sich nicht vermeiden lassen, die Gäste vorher zu laden, man hätte ihnen dann eben sagen müssen: Er ist durchgerasselt, tröstet ihn, irgendwann wird er's wieder versuchen. Aber nun war ja alles gut. In der schönen Badener Wohnung im dritten Stock, aus allen Fenstern freier Blick über die hübsche kleine Stadt, war die Tafel gedeckt. Freunde, Verwandte, die eigene engste Familie, insgesamt waren wir wohl zwanzig oder zweiundzwanzig, die sich erhoben, als meine Großmutter eintrat. Es war ein Auftritt wie in alten Zeiten, und sie war eine Altwiener Lady auch in Baden, in Schwarz mit weißem Plastron aus Spitze und einem diskreten Gesteck aus Brillantnadeln. Ich bin heute noch glücklich, daß ich an jenem 30. April 1944 unserer von den Krisen zerschlagenen, durch Todesfälle dezimierten und einst so eindrucksvollen Familie einen letzten Tag der Freude und des Glanzes verschaffen konnte. Denn es war der letzte: Ein Jahr darauf waren die Russen in der Wohnung, und weitere drei Monate später war meine Mutter tot.

Familie! Zum Unterschied von sehr vielen anderen jungen Menschen hatte ich mich in ihr immer sehr wohl gefühlt, ja mehr noch: Sie war weitgehend identisch mit dem, was ich unter Glück verstand, wobei es keine Rolle spielte, daß es auch bei uns verschrobene Onkelgestalten, unmögliche Tanten, hysterische Kusinen und belämmerte Vettern gab. Es war das Ganze, das zählte, weit über Finanzen und Geschäfte hinaus. Vermutlich hat jener arrogante Konkurrent recht, der den Herren Elsinger nach dem Krieg vorwarf, sie hätten die neue Zeit verschlafen und müßten darum nun verkaufen. Aber 1944 gab es eben die drei Betriebe noch, Telfs, wo die Schläuche, die Feuereimer und Ähnliches hergestellt wurden, Wien mit den Werkstätten und Neudörfl an der Leitha, die Fabrik, in der mein Großvater residiert hatte und in der wir viele Ferienmonate zubrachten in glücklicher Gemeinschaft mit alten und jungen Arbeitern.

Da ich seit meinem elften Lebensjahr keinen Vater mehr hatte, war mir der väterliche Berater, als müsse es so sein, aus der Fabrik zugewachsen, der Doktor Ing. Alexander Giebler, technischer Leiter des mit Färben, Imprägnieren und Trocknen doch ziemlich komplizierten Textilbetriebes, ein sehr stiller, belesener und musischer Mann, der ausgezeichnet Klavier spielte und sich in Neudörfl ein Haus gebaut hatte. Er hatte mir das Schachspielen beigebracht, er hatte, als ich vierzehn wurde, die günstigsten Sitze für das erste Opernabonnement ausgesucht und mich wiederholt im Internat der Bundeserziehungsanstalt besucht. Als ich mich dabei einmal von ihm so verabschiedete wie von meiner Mutter, nämlich ihm um den Hals fiel und mich danach verwirrt entschuldigte, hatte er, glaube ich, einen glücklichen Augenblick in seinem kinderlosen Dasein zwischen Fabrik und Industriedorf, denn mehr war das inzwischen herausgeputzte Neudörfl damals wirklich noch nicht. Dr. Giebler war also auch da, und damit war nun ein langer Werde- und vielleicht auch Reifungsprozeß abgeschlossen. Zumindest stellten meine Kameraden in der Funkstelle schon wenige Wochen nach meiner Rückkehr fest, nun sei ich wieder genießbar, vor den Prüfungen sei es mit mir nicht auszuhalten gewesen.

Verblüffend, ja rührend war das Echo der militärischen Umgebung auf das Doktorexamen auch in mancher anderen Hinsicht. Obwohl man mich in der Wiener Nachrichtenzentrale ja kaum kannte (zumindest war ich dieser Meinung), regnete es — natürlich auf dem uns gemäßen Funkweg — Glückwünsche von nahen und fernen Vorgesetzten. Das war nicht nur ein Mißbrauch einer militärischen Einrichtung, die im Frühjahr 1944 schon so manche Alarmsituation zu bewältigen gehabt hatte, es war auch ein Verstoß gegen exakte Vorschriften, wenn ich konsequent als Obergefreiter Doktor Schreiber angeschrieben wurde, obwohl nur Offiziere den akademischen Grad führen durften. Unteroffizier Dr. Schlegel empfing mich zu einer vertraulichen Aussprache, in der er mir versicherte, daß sich fortan das Vorgesetztenverhältnis nur noch auf das strikt Militärische beziehen werde, im übrigen sei mein Schwiegervater ja ein enger und geschätzter Mitarbeiter seines Vaters, ja gleichsam ein Landes-Verkehrsminister für den legendären Landeshauptmann Schlegel gewesen, was auch die familiäre Parität herstellte.

Mein Schwager, hochbegabter Jurist, verdankte seiner soliden Wiener Ausbildung ein Amt in einer jener kostbaren Nischen, in denen man weder zum Militär einrücken noch sich zu Hause die Hände schmutzig machen mußte — die Kirchenangelegenheiten des Reiches. Da ich außer meinem Wehrsold keine Einkünfte und in Linz auch keine Frontzulage mehr hatte, lud er mich gelegentlich zum Essen ein, und bei einem dieser Mittagessen im Hotel Achleitner in Urfahr war es, daß er mir wortlos einen kalligraphierten Brief über den Tisch reichte: Das Schreiben eines in einem Wald- oder Mühlviertler Gerichtsort versauernden Richters, der meinen Schwager bat, bei seiner Bewerbung um eine freiwerdende Richterstelle in einer der größeren österreichischen Städte für ihn einzutreten. Um seine Linientreue zu beweisen, führte jener Gemütsmensch seine schärfsten Urteile und die Zahl der von ihm verhängten Todesurteile an, und das in einem Augenblick, da sich das Ende seiner Schergenherrlichkeit doch schon überdeutlich an den östlichen Fronten abzeichnete. Sichtlich angewidert nahm mein Schwager das Blatt, als ich es gelesen hatte, wieder an sich, faltete es und sagte: ‚Selbst wenn es in meine Kompetenz fiele, ich würde für diesen Mann keinen Finger rühren. Wie kann man sich auf so peinliche Weise bloßstellen!'

Der Brief ist mir unvergeßlich, nicht nur, weil ich seither den Staudte-Film *Rosen für den Staatsanwalt* wiederholt gesehen habe, sondern auch, weil er in meinem Leben später eine gewisse Rolle spielte — der Brief, nicht der Mann, der keineswegs das Format hatte, das Martin Held jenem Film-Staatsanwalt zu geben wußte. Vorher aber ratterten Dr. Schlegel und ich noch die endlosen und supergeheimen Funksprüche vom 20. Juli 1944 herunter. Wir zwei waren das beste Team, er blindschreibend an der Silenta, ich an dem mir nun seit Jahren vertrauten Instrument der Schlüsselmaschine. Es war faszinierend und bestürzend zugleich, wie dabei die sensationellen Befehle dieses Tages nach und nach Gestalt und Sinn erhielten: Gauleiter Eigruber sei zu verhaften, die SS zu entwaffnen und so weiter. Da glücklicherweise niemand auf den Gedanken kam, wir hätten uns all diese schönen Sätze selbst ausgedacht, hatte das Scheitern der Verschwörung für keinen von uns Folgen, im Gegenteil: Die Widerstandsbewegung bekam Wind von unserer Übermittlerrolle, folgerte daraus, daß die Funkstelle trotz ihrer Wichtigkeit nicht von der SS oder der Gestapo besetzt sei und nahm vorsichtig Verbindung mit uns auf.

Ich habe bis heute nicht alles durchschaut, was sich in den nächsten Monaten begab; Tatsache ist, daß mir fortan bei den immer häufiger werdenden Kontrolluntersuchungen Ärzte, die ich gar nicht kannte, ermutigend zunickten, daß die noch immer an Hitler festhaltenden Funker nach und nach wegversetzt wurden und unsere kleine Dienststelle sich mit gesinnungsverwandten Kräften auffüllte: einem älteren Soldaten, der haarscharf an einem Verfahren wegen Selbstverstümmelung vorbeigekommen war, und — als Sensation — eine smarte Funkerin, die statt des Klaviervirtuosen den Tagdienst übernahm. Willi, der Dirigentensohn, war noch da, seine große Oper war fertig, er zeigte mir stolz die Paritursseiten, vor allem jene, wo er das ganze Orchester beschäftigt hatte und das Blatt schwarz von Notenköpfen war. Sein größter Triumph waren jene Stellen, an denen er nicht nur zwischen den ersten und zweiten Streichern unterschieden hatte, sondern sogar die Pulte geteilt, was im Zusammenhang mit der Steinzeitszenerie auf der Bühne sicherlich höchst verwirrende Wirkungen haben mußte.

Linz 1945

In Linz hatte es immer wieder Fliegeralarm gegeben, aber der Krieg holte uns doch erst dann wirklich ein, als die Amerikaner sich von Westen her der Stadt näherten und mit Artillerie hereinzuschießen begannen. Da es in diesem Fall natürlich keine Sirenenwarnung und auch keine Radiodurchsagen gab, war die Bevölkerung auf eine erschütternde Weise hilflos. Ich hatte es in Rußland immer wieder erlebt, daß die jungen Soldaten, mit denen man unsere Panzerjägerabteilung aufgefüllt hatte, nur darum schon nach wenigen Tagen wieder tot oder verwundet ausfielen, weil sie sich die Geräusche nicht zu deuten vermochten, die Artilleriegeschoße verursachten. Noch schlimmer stand es um die Zivilbevölkerung beschossener Städte. Ich scheuchte, wenn ich bei Beschuß unterwegs war, immer wieder Frauen, sogar Mütter mit Kinderwagen, in die Unterstände und Schutzräume, aber was half das schon: Es gab keine Informationen mehr, die markigen Aufrufe des Gauleiters Eigruber enthielten nicht die geringste konkrete Hilfe, und an einem kalten Maitag 1945, vielleicht war es sogar der 4. des Monats und mein 25. Geburtstag, mußten wir uns sagen, daß es höchste Zeit sei, sich aus dem Staub zu machen, denn als Geheimnisträger mußten wir sonst mit langer Gefangenschaft auch über die Kapitulation hinaus rechnen.

Da diese Kapitulation zwar zu erwarten, aber noch nicht Tatsache war und die Exekutionspfähle im nahen Hinterhof immer noch in Gebrauch waren, mußten wir untertauchen. Der Unteroffizier hatte Relationen genug, er machte sich selbständig. Ich konnte mich meinem Schwager und seinem grundanständigen Vater, einem Hofrat altösterreichischen Beamtenzuschnitts, unmöglich als Fahnenflüchtling präsentieren und bitten, man möge mich noch die paar Tage verstecken, bis alles vorbei sei. Also ließ ich im Spind alles zurück, was mich als Wehrmachtsangehörigen erkennbar machte, auch die paar Medaillen und Kreuze, die sich im Lauf der Jahre eingestellt hatten, zog fröstelnd die Lederhosen an und ging mit dem alten Selbstverstümmler, mit Willi und dem Blitzmädchen aus Berlin in den Linzer Untergrund.

Es war tatsächlich Linz von unten, ein Kellerraum, den der geschickte Wiener mit der Petroleumspritze im Fuß ausgekundschaftet hatte. Decken und Konserven hatten wir nach und nach dorthin geschafft, die Fenster waren klein und verschmiert, und als zum erstenmal eines von ihnen mit einem wunderbar weichen Lederstiefel aufgestoßen wurde und eine Neger-Fistelstimme fragte: ‚Have you Shnaps?', da wußten wir, daß uns zumindest von den Greifkommandos der Feldgendarmerie keine Gefahr mehr drohte.

Damit durften wir beginnen, an die Zukunft zu denken. Ein wenig Lebensmut hatte sich gemeldet, als jenes Blitzmädchen, bis dahin nur tagsüber an unserer Seite, nun auf einmal zwischen uns schlief und mit uns lebte. Natürlich passierte nichts, es war ja keiner allein mit ihr, aber sie zog sich doch um und vor allem aus, und daran entzündeten sich die Lebensgeister von uns Jungen, also von Willi und mir.

Allerlei Unerklärliches begann in diesen kaum noch zu entwirrenden Tagen. Mit 25 trat ich in ein Leben, auf das ich in keiner Weise vorbereitet war nach Internat, Universität, Rekrutenzeit in Frankreich und Krieg in Rußland. Ich war verheiratet, wußte also so gut wie nichts von Frauen außer eben der eigenen; ich hatte eine Menge studiert, aber als mich ein farbiger GI auf der Straße grinsend fragte, wie spät es sei, blickte ich höflich auf meine Uhr — zum letztenmal. Als die Verordnung erging, alle Waffen seien abzuliefern, trennte ich mich von meiner eleganten Waltherpistole, was mir heute noch leid tut, und als nach ein paar Wochen Keller-Existenz mich der Selbstverstümmler in ein Zimmer mitten in Linz führte, in dem sich die Kartons mit Kaffee, Tee, Zigaretten und Cognac bis zur Decke türmten, mußte ich anerkennen, daß dieser kleine Beamte (wenn er dies gewesen war) mir turmhoch überlegen sei.

Das wahrhaft Geheimnisvolle jener post- und telefonlosen Zeiten war jedoch das Einanderfinden. Ich glaube bis heute, daß mich in dieser Hinsicht besondere Kraftfelder umgeben. Willi, flink, geschickt und mit seinen dicken Brillen wie ein Harvard-Jüngling wirkend, hatte eine Schreiberstelle im Rathaus gefunden, der Selbstverstümmler baute sein Warenlager weiter aus, und ich, ahnungslos und unbedarft, saß zwischen all diesem brisanten Schmuggelgut und wartete auf eine Gelegenheit,

59

nach Gallspach zu kommen, wohin sich Mutter und Großmutter zurückgezogen hatten, weil die Russen das hübsche kleine Baden zu ihrem Hauptquartier gemacht und alle guten Wohnungen mit ihren Möbeln beschlagnahmt hatten.

Eines Tages flatterte in die Kaffeedüfte ein bunter Schmetterling, ein wunderschönes, nur vielleicht etwas üppiges Mädchen und fragte mich nach Doktor Matejka, meinem Französischlehrer und Freund, er müsse in Linz sein. Woher sie wußte, wer ich war; woher sie wußte, wo man mich finden konnte, ist mir bis heute absolut schleierhaft. Ein paar Tage später war Dr. Matejka dann tatsächlich in Linz. Er hatte als Dolmetscher-Sonderführer ein ganzes Lager mit gefangenen französischen Offizieren quer durch die letzten SS-Kompanien zu den Amerikanern gebracht, wofür er später die Ehrenlegion und andere Auszeichnungen bekam. Von den geretteten Generalen empfohlen, amtierte Matejka alsbald als die rechte Hand des Bürgermeisters in Linz und befahl Willi, mir einen Ausweis auszuschreiben. Da Willi miterlebt hatte, wie ich meinen Doktor gemacht hatte und das Wort *doctor* für die Amerikaner immer noch in erster Linie den Arzt bedeutet, machte ich meine Autostop-Wanderung nach Gallspach mit einem Personalausweis als Psychiater — das letzte, was die Jünger des Mesmer-Nachfolgers Zeileis in ihrem kuriosen Badeort zu sehen wünschten.

Gallspach war nicht so ohne weiteres als Ort des Unheils zu erkennen, jenes absurden Unfalls, der unsere ganz gut durch den Krieg gekommene Familie ihres hellen und heilsamen Mittelpunktes berauben, meine Mutter das Leben kosten sollte. Mein Vater war 1931 noch nicht 42 Jahre alt gestorben, mein Großvater, der Fabrikant Elsinger, 1932 nach einem Betriebsunfall. Seither waren die Frauen der Familie bei begrenzten finanziellen Möglichkeiten auf sich gestellt und hatten beim Herannahen der Russen im Frühjahr 1945 beträchtliche organisatorische Leistungen zu bewältigen gehabt. Zwar hatten die Arbeiter in Neudörfl meiner Mutter versichert, man werde sie schützen, sie sei immer gut zu ihnen gewesen und alles andere als eine Kapitalistin; aber sie war eine strahlend schöne Frau Anfang vierzig und tat das Richtige, als sie mit ein oder zwei Fahrten eines Firmen-Lkw's nicht nur persönliche Habe, sondern sogar einige meiner Bücherkisten nach Oberösterreich schaffte. Sie und meine Großmutter lebten dort in zwei ebenerdigen Zimmern, was verglichen mit heutigem Flüchtlingselend als erträglich gelten konnte. Einen kleinen Hausgarten wagte meine Mutter kaum zu betreten, weil ein großer Kolkrabe mit gestutzten Flügeln dort herumhüpfte und sie mit seinem langen Schnabel verfolgte.

Um in Gallspach geduldet zu werden, mußte man Kurgast des Zeileis-Institutes sein, was bei ambulanter Behandlung keine sonderlichen Kosten verursachte. Ein alter Arzt, dem man ansah, was ihn in diese Lage gebracht hatte, ließ den Elektrostab der Therapie am Körper entlangknistern, dann bekam man ein Fläschchen mit einer angenehm bitter schmeckenden Kräutersubstanz, die gewiß niemandem schadete. Eines Tages, vielleicht Anfang Juni, traf meine Frau aus Linz ein und etwa zur gleichen Zeit auch mein Bruder. Er kam aus einem amerikanischen Gefangenenlager, in dem er arg gehungert haben mußte, denn er war spindeldürr, trug improvisierte, absurd kurze Shorts aus einer Drillichhose herausgeschnitten, und kam zu Fuß, nach einer Wanderung von hundert Kilometern.

Wir hatten nichts zu tun, als Nachrichten zu hören und Gerüchte zu kolportieren, unter denen das Faszinierendste ein möglicher Rückzug der Russen aus Niederösterreich war, was uns die Badener Wohnungen zurückgebracht hätte. Da in Gallspach kaum jemand englisch konnte, wurde ich zu einem Gesprächspartner des örtlichen amerikanischen Residenten, der vor allem über geheime Werwolf-Aktivitäten zu wachen hatte. Ich kannte außer den Ärzten keinen Menschen, die Bauern des Ortes beschimpften und bedrohten uns auf unseren Spaziergängen, aber daß ich jenen wichtigen Amerikaner kannte, brachte mir einen neuen und gültigen Personalausweis ein, ohne Entlassungsschein eines Gefangenenlagers.

Da wir in dem Raben-Haus nicht alle Platz hatten, war meine Mutter in ein Bauernhaus gegenüber gezogen, wo man ihr ein Zimmer im ersten Stock vermietet hatte, ohne Bad oder Toiletten, so daß sie eines Nachts, beim Versuch, in den Hof zu gelangen, die ganze steile Stiege aus dem Oberstock herunterstürzte und sich drei Nackenwirbel brach. Sie wurde aufgehoben, ging über die Straße zum Raben-Haus, wurde im Erdgeschoß in ein Bett gelegt, in dem meine Frau und ich geschlafen hatten, und am Morgen setzte die Querschnittlähmung ein. Nach Tagen, in denen keiner der im Ort tätigen Ärzte den Wirbelbruch zu diagnostizieren vermochte, kam dann doch ein amerikanischer Krankenwagen, brachte unsere Mutter in die Klinik des nahen Schmieding, und ein junger Arzt rief mir beruhigend zu: ‚Ihre Mutter wird jetzt die Böhlersche Hängelage kennenlernen.'

Im Herbst 1938, im Medizinischen Dekanat der Wiener Universität, hatte man mir meine Inskriptionsunterlagen durch das Schalterfensterchen mit dem Bemerken zurückgegeben: ‚Damit nehmen wir Sie nicht; Sie müssen erst den Arbeitsdienst ableisten!' Auf der Philosophischen Fakultät war man anderer Meinung, und so studierte ich eben Germanistik, verstand von medizinischen Dingen so gut wie gar nichts und blieb, wie mein Bruder, in jener ersten Nacht nach dem Abtransport unserer Mutter in Gallspach. Als wir uns am nächsten Tag mit geliehenen Rädern nach Schmieding aufmachten, begegneten uns zwei geistliche Schwestern, die wir nach dem Weg fragten. Als sie erfuhren, wir seien die Söhne der Frau Schreiber, tauschten sie Blicke, unter denen unsere Hoffnungen zerstoben. Wir beteten in einer kleinen Wegekapelle und fanden unsere Mutter aus der Narkose erwacht. Man hatte sie nach der Operation in kein Krankenzimmer gebracht, sondern in einen Abstellraum geschoben mit dem Bemerken: ‚Die geht sowieso ex.' Den nahen Tod vor Augen, hatte meine Mutter einer Krankenschwester ihren letzten Willen diktiert. Das kostbare Blatt hatte die Frau verschlampt, wir haben es nie zu Gesicht bekommen; sie schrieb uns später nur ein paar Punkte auf, an die sie sich erinnerte und von denen ich noch weiß, daß sie sich vor allem um das Fortkommen meines jüngeren Bruders sorgte. Ich hatte ja 1944 meine Studien abschließen können, er aber hatte sie noch gar nicht begonnen, weswegen sie ihren vermögenden Bruder — in diesem letzten Willen — um Hilfe für die herankommende Studienzeit Georgs bat.

Der Chirurg sagte uns, die Operation als solche sei gelungen, die zarten Nackenwirbel waren in einen dicken und schweren, bis zu den untersten Rippen reichenden Gips gepackt worden, aber wie weit das Rückenmark geschädigt sei, ließ sich nicht sagen.

Meine Großmutter machte sich nach Schmieding auf, und da in dem kleinen Ort jeder von dem Unglück sprach, fand sie auch ein Zimmer; wir Söhne reisten, wie ich heute sagen muß: zu selten immer wieder nach Schmieding, weil es ja keine Verkehrsmittel gab und ich, von der Familie meiner Frau im Alt-Ausseer Ausweichquartier, einen sehr komplizierten Reiseweg nach Schmieding hatte.

Die Brücke nach Urfahr war die Grenze zwischen dem amerikanischen und dem sowjetischen Oberösterreich, und so hauste die hofrätliche Familie in Alt Aussee nicht viel besser als wir in Gallspach, bei schlechter Nahrungsmittelversorgung und beschränkten Kochmöglichkeiten. Meine Frau und ich fuhren auf Rädern von Alt Aussee, wo es praktisch nichts zu essen gab, nach Bad Aussee, als uns ein einsamer Wanderer entgegenkam, groß, dünn, mit

Umhängetasche, in der abgeschnittenen Drillichhose: Mein Bruder. Er brachte mir die Nachricht, daß unsere Mutter gestorben sei.

Ich fürchte, daß dies alles für ihn noch viel schlimmer war als für mich. Ich hatte viel enger mit meiner Mutter gelebt, als er, hatte sie in Baden regelmäßig vom Zug abgeholt, wenn sie aus Neudörfl nach Hause kam, war eben der Ältere und hatte mit ihr auch noch in meiner Studienzeit bis zum Einrücken im November 1940 eine glückliche Zeit gehabt. Er war im Krieg von unserer Mutter häufiger besucht worden, weil die Bordfunker-Ausbildung lange währte und in Orten vor sich ging, die bei einigem Wagemut auch für Zivilisten erreichbar waren wie das ostpreußische Heiligenbeil. Aber das Zusammenleben mit unserer Mutter, das wirkliche, bewußte Familienleben nach der Bedrückung des Krieges, das hätte für ihn jetzt, 1945, erst beginnen sollen, und darum hatte ihn diese steile Bauerntreppe betrogen. Wir waren nun völlig allein, bis auf unsere Großmutter, die bei diesem Schicksalsschlag eine Kraft bewies, die niemand in der weichen und gütigen Frau vermutet hatte.

Alt Aussee, Metropole einer hastig konstituierten Republik Ausseerland fern vom roten Wien, war zu einem Sammelpunkt von Pseudogrößen des hinabgegangenen Regimes, vor allem aber seiner Kulturwelt geworden. Die auffälligste Erscheinung der Politprominenz war der einstige Geheimdienstchef Ernst Hagen (zumindest nannte er sich so auf einem wenige Jahre später erschienenen Enthüllungsbuch), in Wirklichkeit hieß er wohl Höttl oder ähnlich. Er ging stets mit zwei riesigen Hunden spazieren, eine Sicherheitsmaßnahme, zu der er vermutlich allen Grund hatte. Interessanter waren die Filmleute, von denen ich mich noch an Hans Unterkirchner erinnere, der seine imposante Figur selbstherrlich durch den Ort trug, und an eine unsagbar redegewandte, dabei auf eine schon wieder belustigende Art häßliche Frau namens Ilse Dubois, die ein biblisches Alter erreicht haben muß, da sie noch Jahrzehnte nach jenen Tagen als Ausstatterin von deutschen Filmen im Vorspann auftauchte.

Da nun meine Mutter tot war, hielt mich nichts mehr im Exil, und ich brach zu einer Erkundungsfahrt nach Wien auf. Mein Lehrer Dr. Wilhelm Matejka hatte mir einen Empfehlungsbrief an seinen Bruder Viktor mitgegeben, der als Kulturstadtrat in Wien das Wetter machte. Im Spitalsbett hatte meine kluge Mutter mir gesagt, es sei ihr nicht recht, daß ich über die Linke in das Berufsleben einzusteigen hoffte, es werde mir Nachteile bringen. Aber wenn ich mir in Alt Aussee ansah, wie das rechte Lager beschaffen war, dann kam in mir jungem Kriegsteilnehmer ein unbezwingbarer Ekel hoch.

Viktor Matejka, der damals tatsächlich mit einer einzigartigen Machtfülle im Rathaus regierte, nahm mich so herzlich auf, daß sein Zerberus Dr. Wernigg gleich eifersüchtig wurde. Obwohl ich weder damals noch später in die KPÖ eintrat, duzte Matejka mich sofort: „Du kannst dir's aussuchen. Ich hab keinen einzigen unbelasteten Germanisten für die Wiener

Gymnasien. Wüllst ins Akademische? Dort sans hopatatschig, aber bei dir werns schon kuschn!"

Voll der schönsten Hoffnungen reiste ich zurück nach Alt Aussee, auf einem offenen Lieferwagen, in strömendem Regen, zeitweise auch auf einem französischen Militärwagen, zu welchem Beförderungsmittel mir mein Französisch verholfen hatte und eine der in jeder Lage eindrucksvoll gepflegten französischen Offiziersdamen. Kein Russe blickte an der Ennsgrenze auf, als wir durchfuhren, aber als die Franzosen zur Nacht rasteten, mußte ich mir völlig durchnäßt eine Scheune suchen. Als ich endlich wieder in Alt Aussee war, hatte ich hohes Fieber.

Der beengten Verhältnisse wegen lag ich in der Wohnküche auf einem Diwan und bekam alles mit, was sich rund um die hofrätliche Familie tat. Mein Schwager Theo war in Glasenbach, wo ihm zwar nicht, wie in Kriegsgefangenenlagern, der Hungertod oder gar Mißhandlungen drohten, aber für meinen Schwiegervater war die Maßnahme der Amerikaner dennoch inakzeptabel. In diese Seelenlage der bedrückten, grundanständigen und um den Vorzeigesohn besorgten Familie meldete sich Dr. I., jener Provinzrichter, der meinem Schwager den Brief voll von Eigenlob und schwelgerischen Berichten über die gefällten Todesurteile geschrieben hatte. Zum Unterschied von Theo hatte *er* von den Amerikanern alles zu fürchten, bis hin zum Strick, und bat nun meinen Schwiegervater, ihn zu verstecken. Ich mußte auf den braven Hofrat zwei Stunden lang einreden, um zu erreichen, daß Dr. I. abgewiesen würde; erst mein Argument, daß sein Unterkommen bei uns auch für Theo gefährlich sein könnte, brachte den gewünschten Erfolg. Bis dahin aber hatte ich mich so aufgeregt, daß aus der Erkältung eine Rippenfellentzündung geworden war, monatelange Bettlägerigkeit, Verdacht auf Tuberkulose und andere Diagnosen, die in dieser Lage, ohne Eltern, ohne Einkommen, endlose Aufenthalte in Heilanstalten vor Augen, bei einiger Konsequenz zum Selbstmord ausgereicht hätten.

Als eine Durchleuchtung (damals fotografierte man noch nicht) außer ein paar verkalkten Herden keinen Lungenbefund erbrachte, war ich zwar noch schwach, aber dem Leben wiedergegeben und begann, ein wenig Startkapital für Wien zu sammeln: Überall im Ausseerland saßen reiche Familien mit Kindern, aber es gab keine Schule, also unterrichtete ich als Hauslehrer.

Das war nun weißgott keine Herdersche Existenz, denn die Familien — es waren glaube ich nie mehr als drei oder vier —, bei denen ich zu verschiedenen Tageszeiten antrat, waren keine Gutsbesitzer, sondern Flüchtlinge wie wir. Die Einheimischen, die Bauern- und Hoteliersfamilien, hielten nichts von einem vazierenden Wiener und warteten, bis die Dorfschule wieder aufmachte. Ich weiß noch von einer Dame, die halb verrückt vor Verlassenheit und Eifersucht war, weil der Gemahl sich zur Wiederbegründung einer der großen Banken nach Wien begeben hatte und seither keinen Ton mehr von sich hören ließ, und ich erinnere mich, gewiß bis zu meiner letzten Stunde, an die Familie des Arztes Leyerer.

Er war der Modearzt von Baden bei Wien gewesen, ein gut aussehender, hochgewachsener Mann mit einer Gynäkologenpraxis an der besten Adresse, verheiratet mit einem Mädchen, das wir Gymnasiasten alle aus der Ferne verehrt hatten und zärtlich Reserl nannten, auch wenn wir ihr nie nahegekommen waren. Ob diese Frau Leyerer im Herbst 45 schon mit dem Obersten Hans-Ulrich Rudel liiert war, weiß ich nicht; der Mann der 2530 Feindflüge, einziger Träger der höchsten deutschen Kriegsauszeichnung, weilte damals wohl nicht in Österreich. Irgendeine Verbindung muß aber bestanden haben, denn später ging die ganze Familie, einschließlich des Arztes, nach Argentinien, ins Exil des Obersten.

Frau Leyerer war nicht im üblichen Sinn schön, sondern sehr viel mehr, wenn auch auf eine schwer zu definierende Weise. Ich bin erst Jahre später wieder weiblichen Wesen begegnet, die Attraktion und Verführung in diesem Maß ausstrahlten, wozu bei dem einstigen Reserl noch ein Blick von eigentümlicher Kraft kam und eine bei einer so jungen Frau überraschende Selbstsicherheit. Für den harmlosen Beau Dr. Leyerer war sie entschieden überdimensioniert, doch scheint er ein guter Vater gewesen zu sein, und daß er sich ihrem eigentlichen Glück, dem Leben mit dem Kriegshelden, nicht in den Weg stellte, spricht auch für ihn.

In meinen vielen Mußestunden hatte ich auf gut Glück zu schreiben begonnen, literarische Aufsätze über die paar Themen, die ich mit den wenigen Büchern in Alt Aussee behandeln konnte. Ein großer Aufsatz war darunter; er hieß *Der Dichter und die Farben* und beschäftigte sich mit dem Symbolwert gewisser Farb-Eigenschaftsworte in der Lyrik von Georg Trakl. Es war eine Arbeit, zu der ich nichts brauchte als eine Gesamtausgabe seiner Gedichte und viel Ruhe. Das Alleinsein mit einem Text war schon bei der Dissertation gut ausgegangen, aber als ich die 16 Seiten über Trakl nach Wien, an die einzige damals erscheinende Literaturzeitschrift schickte, an den PLAN, machte ich mir nicht die geringste Hoffnung.

Es war die Zeit, da Manuskripte auch unbekannter Autoren noch gelesen wurden, und man wartete wohl auch auf junge Talente, die sich nun, nach dem Ende der NS-Kulturpolitik, hervorwagen würden. Jedenfalls kam nach gar nicht langer Zeit ein Brief von Otto Basil voll des Lobes und mit der Zusage, man werde aus meinem Aufsatz den Schwerpunkt des vierten Heftes machen — mehr als drei waren noch gar nicht erschienen. Sobald ich eine Gelegenheit hätte, möge ich doch nach Wien kommen; man treffe sich jeden Dienstag im Erwin-Müller-Verlag, und ich sei willkommen.

Nun gab es kein Halten mehr. Eine Wohnung für uns gab es in Wien natürlich nicht, mein Bruder hauste in dem einzigen unzerstörten Raum — dem Dienstbotenzimmer — der Stadtwohnung eines reichen Onkels, also in der Internationalen Zone. Meine Frau blieb in Aussee, ich brach nach Wien auf, ich nehme an im Frühjahr 1946, vielleicht auch schon im Februar oder März. Mein Bruder hatte sich inzwischen eingelebt, so gut dies eben ging. Die Fenster der Kammer waren dicht, nur mit dem

Kochen hatten wir Schwierigkeiten, der einzige Elektrokocher hatte eine dicke Platte und brauchte endlos, ehe er auch nur Wasser zum Sieden brachte. Da wir zu ungeduldig waren, die Teigwaren erst in das kochende Wasser zu werfen, aßen wir statt der Nudeln stets einen dicken Brei, den wir mittels Muskatnuß — dem einzigen in der Küche vorhandenen Gewürz — genießbar machten. Für Gasthäuser reichte das Geld nicht, nur hin und wieder leisteten wir uns ein markenfreies Stammgericht aus Dörrgemüse in einem Kellerlokal nahe dem Heiligenkreuzerhof. Eine trübe herumschlurfende Menschenruine ging dort von Tisch zu Tisch und sammelte die Teller jener Gäste ein, denen das Gericht schließlich doch zu sehr widerstanden hatte, hockte sich damit in eine Ecke und aß die Portion auf.

Der Besuch auf dem Rathaus brachte mir eine herbe Enttäuschung. Zwar amtierte Dr. Matejka noch, aber die ersten Wahlen zum Nationalrat hatten die KPÖ auf ganze drei Mandate reduziert und die Besatzungsmacht Sowjetunion konnte nur mit Geld helfen. Die wichtigen Positionen, die kommunistische Politiker nach der Befreiung Österreichs zunächst erhalten hatten, mußten angesichts des Wahlergebnisses aufgegeben werden, Ernst Fischer war nicht mehr Unterrichtsminister, sondern nur noch Abgeordneter, und Matejka war nur noch Stadtrat, weil seine untadelige Amtsführung auf dem für eine Stadt wie Wien so wichtigen Posten zu einer Demarche zahlreicher namhafter Wiener auch aus den Reihen der anderen Parteien geführt hatte. Seine Möglichkeiten waren nun aber sehr begrenzt; rundherum saßen die Herren und Damen der siegreichen Großparteien, und an den Schulen hatte die Wiedereinstellung kompromittierter Lehrer begonnen. Ich hätte eine Gymnasialstelle erhalten können, weil die Lage in der Germanistik noch immer trostlos war, aber da ich keine Lehramtsprüfung, sondern nur den Dr. phil. hatte, wäre ich bei den weiteren, mit Sicherheit zu erwartenden Wiedereinstellungen im Augenblick noch belasteter Mittelschullehrer ohne Chance auf ein Beamtenverhältnis geblieben.

Es war, nach der Abweisung im Medizinischen Dekanat, die zweite Weichenstellung in meinem Berufsleben. Dr. Schlegel, der Funkstellenleiter mit den guten oberösterreichischen Verbindungen, hatte meinen Weggang nach Wien bedauert und mir angeboten, mir zu einer Karriere im Kulturamt der Stadt Linz zu verhelfen, die in Dr. Koref einen hochintelligenten und integren Sozialisten als Bürgermeister hatte. Es werde, so Schlegel, wieder so sein wie vor 1938, daß Wien alle guten Leute an sich ziehe und für die Provinz wenig übrig bleibe. Das Kulturamt in Linz, der damals noch zweigeteilten Stadt, bekam dann aber in einem anderen Nadler-Schüler einen sehr tüchtigen Leiter, der sich auch mit dem erzkonservativen Bürgertum der Donaustadt zu arrangieren verstand.

Ich lebte in Wien also wieder von der Hand in den Mund, denn das Verlangen, zwischen mißgünstigen Kollegen einen Platz zu besetzen, den sie für jemand anderen freizuhalten wünschten, war bei mir sehr gering. Die Dichterin Martha Hofmann nahm derlei auf sich, ich weiß ein wenig von den Anfeindungen, denen sie ausgesetzt war; aber sie war Jüdin und erschrieb sich mit ihren Gedichten literarische Auszeichnungen, so daß ihr nicht sehr viel passieren konnte. Dazu kam, daß mein Bruder eine bescheidene Existenz für mich in petto hatte: Die in Wien lebenden französischen Familien wünschten Deutschunterricht. Er erteilte ihn an die Offiziere, Herren zum Teil von höchstem Adel und entsprechender Kultur, und ich übernahm die Damen. Teils gab es Honorar, teils Konserven, vor allem aber wurde mir stets Tee gereicht mit Sandwiches, und die gepflegte Gastlichkeit in der Gesellschaft dieser jungen Frauen, die Umgebung, die Konversation, die Entrückung aus dem Nachkriegswien in eine Art europäische Atmosphäre, das tat mir mehr wohl als die dürftigen Honorare.

Diese Begegnungen mit den Offiziersdamen, einer Menschengruppe, die in Österreich gegenüber ihren Gatten und Söhnen nicht allzusehr in Erscheinung getreten war, bestätigte mir vieles von dem, was mir Dr. Wilhelm Matejka von Frankreich und französischer Lebensart erzählt hatte und was mir aus der Lektüre französischer Romane klar geworden war.

Eines Tages lag auf dem unteren Brett des Servierwagens ein abgegriffener grüner Lederband: Die *Pleiade*-Ausgabe der Gedichte von Mallarmé. Es vergingen noch Jahre, ehe ich mir diese hervorragend edierten, kostbaren Dünndruckbände leisten konnte, aber der erste, den ich mir kaufte, war antiquarisch, grün und abgegriffen, die Poesien von Stéphane Mallarmé...

Willi Matejka trat schon 1932 in mein Leben, als ich zwölf Jahre alt war und meine Mutter, in die er sich prompt verliebte, 31. Er hatte eines der hübschen Professorenzimmer über dem Graben der alten Wiener Neustädter Burg, und wenn ich ihn nachmittags dort besuchte, mußte ich immer größer werdende Gläser Yoghurt essen, während er unsere Französischarbeiten korrigierte. Auch als sich herausstellte, daß meine früh verwitwete Mutter mit dem ein wenig jüngeren Wildfang Matejka kaum glücklich werden könnte, blieb er unser Freund, empfahl mir die Autoren Giono und Mauriac (er war wie sein älterer Bruder Linkskatholik), ich aber ging anhand der großen, künstlerisch mit Holzschnitten illustrierten Hefte des *Livre de Demain* weiter zu Georges Duhamel, von dem ich sehr viel las, zu René Boylesve und zu Romanen, die mich wegen ihrer erotischen Szenen (so harmlos sie waren) besonders anzogen: Büchern von Marcel Prévost und Henri Troyat. Sein Roman *L'araigne*, mit dem er in Konkurrenz zu Jean-Paul Sartre 1938 den Prix Goncourt gewann, berührte mich damals tief und ist mir bis heute in bester Erinnerung durch die Technik der Konfrontation, die der später vielleicht etwas zu viel schreibende Autor damals noch mit Verve und Härte anwendete: Eine Trauergesellschaft löst sich auf, und kaum daß der Verblichene unter der Erde ist, wird zur sexuellen Tagesordnung übergegangen.

Das erste literarische Milieu, in das ich persönlich geriet, in dem ich zu hören, zu sprechen und zu diskutieren hatte, war der Kreis um die Zeitschrift *Plan*. Sie hatte es vor dem Anschluß Österreichs noch auf drei Hefte gebracht, von denen das dritte im März 1938 dem Surrealismus gewidmet gewesen war; das Unternehmen hatte somit keine Überlebens-Chance gehabt und feierte im Herbst 1945 einen stark beachteten Wiederbeginn. In dem kurzen Manifest zu Beginn des ersten Heftes der neuen Ära fanden sich die Sätze:

„Und die Dichtung der Jüngsten? Damals ein mächtig anschwellender Chor brüderlicher, revolutionärer Stimmen; heute eine Abstraktion, ein Fragezeichen, ein Friedhof der Namenlosen. Trotzdem: Wir rufen diese unbekannte geistige Jugend!"

Diesem letzten Satz, im Original kursiv gesetzt, entsprach also wohl mein Trakl-Aufsatz, und mir wurde nun klar, daß ich eine mir unbekannte Chance genutzt hatte. Anderswo wäre ich vielleicht nicht so willkommen gewesen, dort wartete man auf die Wiederkehr der großen Namen; im *Plan* aber hatte man gerade nach uns unbekannten Jungen gerufen, und wir kamen!

Die Redaktion, die Otto Basil um sich gesammelt hatte, bestand aus dem Dichter Rudolf Felmayer, dem surrealistischen Graphiker Edgar Jené, dem kommunistischen Kunstexperten Johann Muschik, einem miserabel schreibenden Journalisten namens Peter Rubel und zu meiner Freude aus dem Pädagogen und Dichter Ernst Jirgal, einst Lehrer an der *Schule am Turm* in Wiener Neustadt, engster

Freund von Dr. Matejka. Jirgal war der Schwarm aller Mädchen der kleinen Stadt gewesen, Tennisspieler und als stets um das Grundsätzliche bemühter Mensch jenes Gewissen, jene unbestechliche Mitte und Ordnungsfigur, wie sie jede Schule braucht. Er hatte in der einzigartigen Szenerie unseres Schloßhofes eine Freilichtaufführung von Goethes *Faust* mitinszeniert, bei der mein verstorbener Freund Wilhelm Muster, Dichter und Übersetzer in Graz, die Titelrolle gespielt hatte, ein mir unvergeßliches Ereignis.

Jirgal also, den ich im Unterricht nie gehabt hatte, saß nun in der Erwin-Müller-Runde und lächelte mir ermunternd zu, als das Heft 4 mit seinem Kernstück, meinem Trakl-Aufsatz, besprochen wurde. Natürlich gab es den einen oder anderen alten Herrn, der monierte, daß frühere Arbeiten über Synästhesien nicht erwähnt worden seien, aber Basil wie Jirgal sekundierten mir, war es doch offenbar, daß unter den herrschenden Verhältnissen weder Bibliotheken noch gar interurbaner Leihverkehr funktionierten.

Meinem Aufsatz war die schöne Trakl-Elegie von Jirgal vorangestellt worden, und als Folge der kurzen Debatte erschienen später verschiedene Übertragungen des synästhetischen Sonetts von Rimbaud, deren eine ebenfalls von Jirgal stammte. Eine weitere Folge dieses Heftes war der Beschluß, ein Sonderheft über die bis dahin unbekannte literarische Jugend herauszugeben, für das ein eigenes Redaktionskomité bestellt wurde: Aus dem Friedhof der Namenlosen hatte sich ja nun der eine oder andere zu Wort gemeldet.

Wer in der ersten Runde anwesend war und schon damals mit mir bekannt wurde, vermag ich heute nicht mehr mit Sicherheit zu sagen. Basil jedenfalls war sehr liebenswürdig, dann gab es einen großen, schlanken und etwas undurchsichtigen Verlagsleiter namens Moll, den bizarren Rudolf Geist, einen Knast-Poeten mit Kurzhaarfrisur, und jenen Hofrat Poukar, über den sich der (erst bei späteren Sitzungen anwesende) Hans Weigel so wahnsinnig ärgerte, weil er gleich mir links und rechts publizierte, zum Unterschied von mir aber unangreifbar auf einem wichtigen Amtsstuhl saß. Besondere Sympathie erweckte in mir der Kritiker Jörg Lampe, mit dem ich mich danach öfter traf, besondere Antipathie Reinhard Federmann, der mein späteres Leben so eng und in vielfältigen Verschlingungen begleiten sollte. Johann Muschik kreuzte zunächst mit mir die Klingen — er hatte ja, anders als ich, eine Weltanschauung und polemisierte gegen meinen Aufsatz über Julien Benda — wurde mir aber ein guter Freund. In seiner Wohnung auf dem Lerchenfelder Gürtel lernte ich manchen jungen Maler kennen und, in Gesellschaft von Wolfgang Hutter, eine unvergeßliche junge Frau.

Auch Wolfgang Hutter, Gütersloh-Sohn und Frauenliebling, hatte sie nicht vergessen, denn als ich ihn vierzig Jahre später gelegentlich unserer gemeinsamen Teilnahme an einer Club-Zwei-Runde auf sie ansprach, wußte er sofort Bescheid. Ich habe ihre Erscheinung und auch ihr Kleid, das von Hutter entworfen sein konnte, zwei- oder dreimal in meiner leichteren Belletristik geschildert.

Bei Muschik war es immer gemütlich; aus der anfänglichen Kontroverse entwickelte sich eine gute Freundschaft. In einem Notfall sprang er mir dadurch bei, daß er über die Weltfunkstation, bei der er arbeitete, ein Telegramm schnell und kostenlos in die Ferne schickte, was auf dem Postweg damals nicht so ohne weiteres möglich gewesen wäre. Er ist auch der Held eines köstlichen, wohl nur esoterisch erklärbaren Zwischenfalls bei einer der ganz wenigen Vollversammlungen des Österreichischen Schriftstellerverbandes, die ich besuchte. Ein Redner hatte sich gegen Muschiks Einwürfe in einer längeren Darstellung verwehrt, dann aber eingesehen, daß Muschiks Argumente als die des Mannes von der Straße eine gewisse Berechtigung besäßen. „Ich gebe zu", sagte er, „Sie vertreten hier den einfachen Mann, sagen wir kurz den Muschik..." Weiter kam er nicht: Dreißig oder vierzig der Anwesenden, die Johann Muschiks vierschrötige Erscheinung kannten, lachten laut auf, der Redner schwieg betroffen ob des unerwarteten Lacherfolgs, und der Saal beruhigte sich erst, als Muschik aufstand und in seinem Ottakringer Wienerisch zufrieden feststellte: „I bin der Muschik, i sölba!"

In der Runde der Plan-Redaktion weilten damals noch, als ehrwürdige Autorität aus der Vergangenheit bereits ein wenig isoliert, der Literarhistoriker Leopold Liegler, zu dessen Arbeiten ich stets mühelos Zugang fand, und der Dichter Adelbert Muhr, Steuermann der Donau-Dampfschiffahrtsgesellschaft in Pension, der mir nach meiner Besprechung seines tatsächlich außergewöhnlichen Romans *Der Sohn des*

Stromes bis zu seinem Tod freundschaftlich verbunden blieb. Als ich 1990 über ihn und andere Freunde von damals die Artikel im Bertelsmann-Literaturlexikon verfaßte, hatte ich noch einmal Gelegenheit, mich mit ihm zu beschäftigen, erfuhr von der Vernichtung seines gesamten Nachlasses an Manuskripten und Briefen und bin bis heute überzeugt, daß ich es in Muhr mit einem liebenswerten Antipoden zu tun hatte, ja daß er vielleicht als Dauer-Lektion neben mein Leben gestellt wurde. Alles was mir schwer fiel, flog ihm zu: die Poesie, die Zwischentöne, das Verständnis für die Natur, die Pflanzen, die Gewässer. Alles, was mir leicht fiel: die Formulierung, der Duktus, die Komposition, kostete ihn unendliche Mühen und immer neue Ansätze. Seine Erstniederschriften unterschieden sich von der Letztform wie Nacht und Tag, während ich mein Leben lang satzreif direkt in die Maschine schrieb. Aber er überwand alle Schwierigkeiten seines Autodidakten-Daseins und schrieb eben damals, als wir alle mit Zungen sprachen, nicht nur den großen Roman von der Donau, sondern viele unvergeßliche Impressionen aus dem Prater, aus den Donau-Auen, aus Niederösterreich und von der Theiß. Ich besuchte ihn noch von München aus, als er völlig vergessen in einem seltsamen Landhaus am Irrsee bei Salzburg lebte, im Garten eine gigantische Spieleisenbahn aufgestellt hatte und vergeblich auf eine Wiederentdeckung seiner einst bei Zsolnay so erfolgreichen Bücher wartete.

Ehe ich das Sitzungszimmer am Opernring verließ, bat mich Basil um eine Eintragung ins Gästebuch, irgendein Zitat, eine Dichterweisheit, die ich als charakteristisch für mich ansehen könnte. Und ich, der eben großzügig und großherzig aufgenommene Twen, schrieb den möglicherweise wirklich von Goethe stammenden, höchst ungeselligen Satz hin: ‚Die höchste Kultur, die ein Mensch sich geben kann, ist das Bewußtsein, daß die anderen nicht nach ihm fragen.' Basil las, stutzte, erkannte die Zufälligkeit der Eintragung und lachte kopfschüttelnd. Übelgenommen hat er mir's nicht.

Als ich, die Beleghefte von Nummer 4 unter dem Arm, ein kleines Honorar in der Brieftasche, heimwärts in das Dienstbotenzimmer in der Seilergasse zog, war ich zwar ein wenig benommen von den vielen Herren, den Gesprächen, dem Zigarettenrauch, dem ganzen Milieu. Aber mir war doch klar, daß damit nun das eigentliche neue Leben begonnen habe, vielleicht das Leben überhaupt, wenn man, wie ich, auf die Literatur aus war und sich mit ihr das tägliche Brot verdienen wollte.

Ich setzte mich aufs Bett und las das ganze Heft in Ruhe durch. Die Aufmachung war nicht nur erfreulich, sie war ehrenvoll, man hatte trotz der Schwierigkeiten des Jahres 46 sogar ein Faksimile auf Kunstdruckpapier eingeheftet, einen Brief Trakls an Erhard Buschbeck, von 1918 bis zu seinem Tod 1960 Dramaturg am Wiener Burgtheater. Man hatte für Jirgals Elegie und meinen Aufsatz eine größere Type gewählt als für die übrigen Beiträge des Heftes, kurz, es gab kein Zeichen von Herablassung, es war eine vorbehaltlose Aufnahme in einen Kreis, der damals weitgehend mit der Wiener literarischen Szene identisch war.

Meine Freude wurde nur dadurch getrübt, daß ein mir Unbekannter (und unbekannt Gebliebener) namens Friedrich Korger im Anhang des Heftes über meinen verehrten Lehrer und Doktorvater Josef Nadler herzog, nicht nur für mich, sondern für jeden seiner Hörer unverständlich (Nadler sagte mir aber später, Korger habe nie bei ihm studiert). Wir wußten alle von Nadlers enger Geistfreundschaft mit Hugo von Hofmannsthal; wir zitterten von einer Vorlesung zur anderen, daß man ihn vom Podium herunter verhaften würde und lechzten andererseits doch nach seinen humorigen Zwischenbemerkungen, derentwegen er seltsamerweise aber nie Schwierigkeiten bekam. Seine Hörer hielten eben alle zu ihm, und keiner von uns verwechselte die Betrachtungsweise nach Stämmen und Landschaften mit dem herrschenden Rassismus, ganz abgesehen davon, daß die bahnbrechende Erstauflage seiner Literaturgeschichte ja schon lange vor 1933 erschienen war.

Aus der biographischen Notiz, in der die Redaktion den *homo novus* Hermann Schreiber den Plan-Lesern vorstellte, sehe ich, daß ich damals, im April 1946, Lektor am Kulturamt der Stadt Wien war. Darunter war natürlich keine Festanstellung zu verstehen: Dr. Wernigg überreichte mir einmal am Tag Freikarten für unerhebliche Veranstaltungen (das höchste war schon der Mozartsaal des Konzerthauses), ich ging hin, schrieb meinen Bericht und bezog dafür 70—100 Schilling an Honorar. Gelegentlich waren auch Freikarten für den sogenannten Zweiten Abend dabei, an dem die Auslandskorrespondenten und Provinzzeitungen die Kritikerränge der Theater füllten. Es war glaube ich ein Theater in der Rotenturmstraße, also wohl die heutigen Kammerspiele, wo ich zum erstenmal Nadja Tiller sah. Die hübsche Wienerin erschien stets am Arm eines etwas zu sportlich gekleideten Engländers und fiel durch ihre elegante Extravaganz auf. Wenn sie wirklich erst 1929 geboren wurde, war sie in meiner Kulturamtszeit erst siebzehn Jahre alt, aber ganz zweifellos die auffälligste, ja wie mir in der Erinnerung scheinen will: in diesem Milieu die einzige wirklich glanzvolle Erscheinung.

Mein Einkommen setzte sich also aus winzigen Schnipseln zusammen, aus den Stundenhonoraren bei den französischen Damen, aus den Abendgeldern des Amtes Matejka und aus den an Zahl, nicht an Bedeutung schnell zunehmenden Kleinsthonoraren von jenen Zeitschriften, die über französische Neuerscheinungen zu berichten wünschten, aber keine des Französischen kundige Rezensenten hatten. Mein Französisch war nicht durch die Schule, sondern durch die anhaltende Lektüre der Originalausgaben schon vor dem Krieg recht gut gewesen. Ich hatte es im monatelangen Umgang mit Austauschschülern aufpoliert, mein Tagebuch der Jahre 1938—40 französisch geführt und im Wiener Burgkino viele Filme in Originalversion gesehen. Während meiner Rekrutenzeit in Frankreich (Januar—Juni 1941) hatte sich dies schon bezahlt gemacht, ich fuhr mit den Offizieren nach Niort oder Cognac einkaufen und konnte in Rochefort-sur-Mer auf die angenehmste Weise mit einer hübschen, ein wenig mütterlichen Friseuse verkehren.

Diese Kenntnisse haben mir mein ganzes Leben entscheidend geholfen, und insofern ist die Anregung, ist die Summe jener Anregungen, die von Dr. Wilhelm Matejka ausgingen, neben dem, was Nadler in mir an Interesse für die Siedelstämme weckte, wohl der bestimmendste Einfluß meines Lebens. Ich hatte immer etwas mehr anzubieten, als die Konkurrenten, und ich schrieb zum Entsetzen Hans Weigels, der uns Kollaborateure mit dem Kommunismus ja boykottieren, ächten und ausgrenzen wollte, seit damals in Blättern aller Richtungen vom ziemlich weit linken *Österreichischen Tagebuch* bis zum *Turm*, den der spätere Staatsoperndirektor Seefehlner mit Geldern der Österreichischen Volkspartei herausgab. Am ängstlichsten wehrten sich die Sozialdemokraten an der Wienzeile gegen Autoren, die auch in den KP-Blättern schrieben, deswegen kam ich nie in die *Arbeiterzeitung*, schrieb aber häufig in einer Zeitschrift, die halbmonatlich oder monatlich erschien und vielleicht *Zukunft* hieß.

Als Hermann Hakel aus der italienischen Emigration nach Wien zurückkehrte, brachte er den geistig sehr regen Philipp von Zeska, Grandseigneur des Burgtheaters in der Aslan-Nachfolge, dazu, einen Empfang für den Neuankömmling zu geben, und zu meiner Überraschung wurde ich in den kleinen Kreis geladen. Hakel erklärte mir dies freundlich, aber bestimmt: Verfolge man vom Ausland her die Wiener Kulturpresse, so sei der auffälligste Kritiker ich, weil ich eben in jedem wichtigen Blatt anzutreffen sei. Vor allem meine zweite Frau interessierte sich später für den bizarren Hakel ebenso wie ich; wir besuchten ihn in Wien und in Hirtenberg und blieben Freunde bis zu seinem Tod.

Jutta, diese zweite Frau, war zu einer Zeit geboren, da es in Deutschland schon fast keine Juden mehr gab. Die Begegnung mit Hermann Hakel war für sie ein exotisches Erlebnis, und er tat alles, um der Begegnung diesen Charakter zu erhalten. Trafen wir in Hirtenberg ein, wo der Pazifist Hakel im Schatten der größten österreichischen Munitionsfabrik lebte, empfing uns zuerst stets Erika Danneberg, Dichterin und Essayistin, die damals mit ihm lebte; Hakel erschien dann wenig später wie der Teufel aus der Schachtel, eilfertig humpelnd und gleichsam schon par distance Juttas Arme streichelnd. Er trug, obwohl wir natürlich angesagt waren (denn wer fährt schon auf gut Glück nach Hirtenberg) dabei stets eine seltsame Kombination aus langen Unterhosen und angestricktem Leibchen also ein *underwear*, wie es auch in realistischen Westernfilmen gelegentlich zu sehen ist, nur daß es eben Lee Marvin sehr viel besser stand als Hakel.

Meiner drei- oder vierundzwanzigjährigen Gefährtin (erst seit 1959 dann meine zweite Frau) stand wohliger Schrecken ins Gesicht geschrieben, als dieser Waldschratt sich ihr näherte und fortan nur noch für sie Augen hatte, wobei die Mehrzahl, wie man weiß, übertrieben ist. Federmann verglich Hakels zweites Auge stets mit einem poschierten Ei, weswegen ich diese Speise bis heute nie bestellt habe.

Das Gespräch mit Hakel war mühelos, man brauchte ja nur zuzuhören, und da ich nicht dichtete, ging es nie um mich, sondern um die Lage der Szene und um verlegerische Möglichkeiten für seine Schutzbefohlenen. Später, als Hakel dann an seiner großen Anthologie über die Bibel im deutschen Gedicht arbeitete, näherten sich unsere Unterhaltungen dem Charakter eines Austausches, und als er schließlich wie Federmann und ich bei Erdmann verlegte, konnte ich einiges für ihn tun: Herr Erdmann hatte sich in Tübingen mit einer hochsubventionierten Produktion einen schmucken Verlag mit Villa und Garten aufgebaut, als irgend ein weniger geschickter Konkurrent eine Überprüfung ins Rollen brachte, die mit einer Verurteilung zu drei Jahren Haft wegen Subventionsbetruges endete, ein Urteil, das in dieser Härte umso mehr Verwunderung erregte, als zum Beispiel Kurt Desch, der nicht den Staat, sondern seine Autoren, reiche wie arme, betrogen hatte, ohne Haftstrafe davonkam. In der Folge kamen die Erdmann-Aktivitäten naturgemäß zum Erliegen, Thienemann — wo Hakel überhaupt nicht hinpaßte — übernahm die schönen Erdmannschen Buchreihen, und es bedurfte meiner Demarchen bei dem neuen Verlag, um Hakels Interessen zu sichern. Er war zu diesem Zeitpunkt auf der Buchmesse in Frankfurt, die er trotz seines Herzleidens immer wieder besuchte, bereits eine tragische Figur, stand hilflos an den Ecken der überfüllten Gänge im Weg und war erst glücklich, wenn ich ihn unter dem Arm nahm und mit ihm loszog.

Die bizarren Rencontres in Hirtenberg und in Hakels Wiener Wohnung ich glaube im zehnten Bezirk hatten Jutta besser auf Dichter-Absonderlichkeiten vorbereitet als der Umgang mit Fritsch und Federmann, die ja enge Freunde waren und gleichsam zum Haus gehörten. So ertrug sie es mit Fassung, daß eines Tages Fritz Hochwälder in unserer Badener Wohnung auftauchte. Die Beziehung zu ihm lief über Paris, wo sein Stück über den Jesuitenstaat in Paraguay *(Das heilige Experiment)* en suite gespielt wurde. Obwohl seit Johann Strauß kein Österreicher solch einen Erfolg an der Seine errungen hatte, waren meine Berichte im *Geistigen Frankreich* die ausführlichsten darüber; das offizielle Österreich — die Botschaft und der Conseiller culturel — nahmen überhaupt nicht Notiz davon, gewiß nicht aus Antisemitismus, sondern aus schlichter Ignoranz. Erst bei der 500. Aufführung, als Paris bereits delirierte, erbat man von Hochwälder eine Loge, und der Botschafter nahm gnädigst an der Festaufführung teil.

Hochwälder, von seinem Erfolg überrascht und überwältigt, hatte mir aufmerksam zugehört, als ich ihm die Ursachen bloßlegte: Die Ächtung von Claudel und Montherlant, die vergleichbare Dramen geschrieben, sich aber während der Besatzungszeit und durch kompromittierende Aussprüche bloßgestellt hatten.

Hochwälder war in Baden übrigens mit einer Chauffeuse aufgetaucht, einem sehr jungen und reizvollen Geschöpf, das er uns wie eine Leibsklavin vorführte und so anhaltend betatschte, daß Jutta ohne die Vorbereitung durch Hakel gewiß aus der Rolle der duldsamen Gastgeberin gefallen wäre.

Von Hirtenberg führte uns der Weg regelmäßig nach Berndorf, weil wir dort einen Schutzbefohlenen wußten, der uns ungleich dringender brauchte als Hakel, der Schriftsteller Herbert Hessler. Ich muß von ihm sprechen, denn vor mir hat es niemand getan und nach mir wird es erst recht niemand mehr tun, und die wenigen Seiten, die von ihm jemals gedruckt wurden, habe ich mit großer Tücke in verschiedene Anthologien eingeschmuggelt, deren Herausgeber ich war.

Hessler war ein Jugendfreund von Hermann Broch und verkehrte mit ihm auch noch freundschaftlich, als beide erwachsen waren. Die Briefe, die Broch ihm aus Amerika schrieb, hat ein damals sehr bekannter Wiener Antiquar für ein wahres Elendshonorar an sich gebracht, vielleicht tauchen sie einmal in einer Gesamtausgabe der Briefe wieder auf. Die Broch-Nähe jedenfalls hatte dem soliden Romanisten Hessler eingeimpft, daß auch er ein Dichter sei. Im Krieg wurde der hochgebildete, allenfalls ein wenig überstudierte Hessler völlig gebrochen, und das kam so: Er hatte einen Film-Fimmel und führte bei Wehrmachtsveranstaltungen gerne Filme vor, zu denen, wenn sie Stummfilme waren, in der Vorführkammer Schallplatten aufgelegt wurden. Einmal, als eben das Komikerpaar Pat und Patachon über die Leinwand flimmerte, widerfuhr es Hessler, nach jenem Badenweiler-Marsch zu greifen, der stets anzeigte, daß Hitler eine Veranstaltung betrat (oder den Reichstag). Die zwei komischen Dänen und dazu Hitlers Einzugsmusik, mehr hatte Hessler nicht gebraucht — als man ihn 1945 entließ, war er ein Wrack, außerstande, sich vor eine Schulklasse zu stellen.

Es hätte absolut legale Wege gegeben, Hessler angesichts dieser Kriegsschäden entweder in eine auskömmliche Frühpension zu schicken oder als Invaliden anzuerkennen. Das aber ging dem sauberen Schuldirektor zu langsam, er brauchte die Planstelle für einen Nazilehrer, den er anders nicht wieder einstellen konnte, und als ich mich mit dem Bürgermeister von Berndorf in Verbindung setzte (es war nicht ganz einfach gewesen, dies alles aus Hessler herauszukriegen), waren alle Fristen verstrichen: Der Rektor hatte Hessler eingeredet, er sei doch ein begabter Schriftsteller und brauche den Brotberuf nicht, er solle einfach auf sein Lehramt verzichten — was denn auch geschah. Von da an vegetierte Hessler unter schaurigen Verhältnissen dahin und aß sich nur satt, wenn Jutta ihm ein Freßpaket brachte oder wenn ich mit ihm zu einer Backhendlstation fuhr; was eine Nervenprobe war angesichts der Gier, mit der er sich über die Speisen hermachte.

Hessler war ein Genie des Details, hatte trotz seiner Abgeschiedenheit in Berndorf die seltsamsten Quellen angezapft und wußte über die Frühzeit der Fotografie, des Kinos und anderes Bescheid wie wenige, geriet aber in eine völlig anachronistische Gartenlaubenprosa, wenn er unterhalten wollte. Ich habe ihn noch in jenem Altersheim in Mödling besucht, wo er dann, nach einer Amputation wegen Zucker, elend zugrundeging.

Es wäre für Jutta sehr einfach gewesen, sich auf

die anregende Wiener Literaturszene zu beschränken; allein Maria Federmann war ja stets abendfüllend. Aber meine junge Deutsche, die schon in einer Düsseldorfer Buchhandlung ihre Stammkundschaft gehabt hatte, ging mit heiterer Emphase auf all die Absurditäten ein, die sich in Wien und Umgebung ihrem Blick boten und gewann sich in ihrer charmanten Mischsprache und weil sie so überzeugend staunen konnte, schnell die Herzen aller meiner Freunde, ja sie charmierte sogar die Verleger, diese kühlsten Selbstdarsteller an der Spitze unseres einst so noblen Gewerbes: Als ich 1959 in Grenoble eine Besprechung mit Monsieur Arthaud hatte, entdeckte dieser mächtige Mann die auf dem Gang wartende Jutta (nachdem er sich schon von mir verabschiedet hatte!), und stellte uns die stets willkommene Frage, ob wir schon gegessen hätten. Es wurde im idyllischen Sassenage ein Drei-Stunden-Déjeuner, das mir nicht nur aus gastronomischen Gründen unvergeßlich geblieben ist.

Chefredakteur für drei Jahre

Auch der französischen Besatzungsmacht war nicht verborgen geblieben, daß sich da in Wien ein junger Rezensent eine Art Monopol für die Berichterstattung über französische Literatur erarbeitet hatte. Von oben her kannte man mich schon; dank Willi Matejka war ich bei General Béthouart eingeladen gewesen und, was vermutlich den Ausschlag gab, auch bei Professor Eugène Susini, dem Direktor des Französischen Kulturinstituts im Palais Lobkowitz. Meine Doktorarbeit *Gerhart Hauptmann und das Irrationale* war in einem damals relativ erfolgreichen oberösterreichischen Verlag erschienen, und Susini hatte in einer Vorlesung, über die mir natürlich berichtet wurde, in der linken Hand das dicke Gerhart-Hauptmann-Buch von Joseph Gregor gehalten, in der Rechten mein 300-Seiten-Œuvre, und seine Studenten scherzhaft gefragt: „Welches Buch, Messieurs-Dames, glauben Sie, hat mehr Gewicht?"

Ihm brauchte Matejka also nicht mehr viel von mir zu erzählen, und als eine halbprivate Gruppe dann die deutsch-französische Monatsschrift *Wort und Tat* gründete, wurde ich der Redakteur für Wien, ohne deutsche oder österreichische Vorgesetzte. Und da Monsieur Bourgeois mehr in Paris, Freiburg oder Karlsruhe zu finden war als in Wien, genoß ich eine frühe aber umso verlockendere Selbständigkeit in dem kleinen Büro im sogenannten Deltahof, einem Eckhaus in der französischen Zone, wo eine französische Bibliothek und andere Dienste untergebracht waren.

Die Sekretärin der Redaktion war eine Halbrussin namens Kyra Duschek, blaß und schön und voll von Abgründen wie so manches Geschöpf dieser Völkermischung. Da sie ganztags arbeitete, bekam sie von den Franzosenhändeln ungleich mehr mit als ich, auch war ich ja meine beinahe grenzenlose Naivität noch immer nicht los geworden und hatte vor allem keine zutreffende Vorstellung von der Rolle und Bedeutung sexueller Beziehungen im Leben, aber auch im beruflichen Geschehen, kurz: in allen Dingen.

Mademoiselle Duschek, wie sie im ganzen Delta-Haus hieß, hatte ein Kind aus einer danach wieder beendeten Beziehung zu einem jüdischen Besatzungsoffizier. Er war wohl wegversetzt worden und kam nur noch hin und wieder zu Besuch. Der erst ein paar Monate alte kleine Bub wurde von Kyras Mutter, einer Russin, die ihr unbeholfenes Deutsch mit schwerem Akzent sprach, aufopfernd versorgt, aber es war für die junge Mutter nicht leicht, den ganzen Tag im Büro zu sitzen und das Kind nur abends zu sehen. Als es schließlich — wie man in Wien sagt: fremdelte, das heißt sich von seiner Mutter ab- und der Großmutter zuzuwenden schien, drehte Kyra durch und gab das Kind zu flüchtigen Bekannten, vielleicht auch auf Grund eines Inserats einer Familie, in Pflege. Wenige Wochen darauf erkrankte der Kleine an einer bösen Darminfektion, die zu bekämpfen es im damaligen Wien an allem fehlte, an den richtigen, für Kleinstkinder verträglichen Medikamenten und an frischem Gemüse. Um solches telegrafierte ich an eine Ruftante im Tessin, das Paket kam auch, aber der Kleine war nicht mehr zu retten.

Kyra, die sich wohl furchtbare Vorwürfe machte, kam über diesen Verlust nicht hinweg. Ich sah sie bei lebendigem Leib innerlich erstarren, ja zu Eis werden. Wir hatten uns stets gut vertragen, vielleicht, weil ich als Mann völlig uninteressant für sie war. Die Besatzungsoffiziere hatten damals eine konkurrenzlose Position, auch war ich in meiner ausschließlichen Fixierung auf Bildung und Arbeit in wesentlichen Komponenten schauerlich unreif geblieben. Daß sie mich mochte, bemerkte ich, als ich aus einem Urlaub am Wallersee sehr gut erholt nach Wien zurückkehrte. Ich hatte, weit vorausplanend wie noch heute, im Journalistenheim Wallersee sehr frühzeitig bestellt, das beste und größte Zimmer im Mittelrisalit und mit Seebalkon erhalten und war, obwohl höchstens 27 Jahre alt, unter den verblüfft raunenden Kollegen mit größter Zuvorkommenheit und allerlei besonderen Zuwendungen behandelt worden. Kyra stellte erfreut fest, wie gut ich aussehe, und eine Woche später, als sich die Wallerseefrische verloren hatte, bedauerte sie dies mit beinahe schwesterlicher Anteilnahme.

Daß ich diesem mir räumlich nahen und in vielem doch unendlich fernen Menschen nicht hatte helfen können, machte mich zeitweise geradezu aggressiv, was meiner Zusammenarbeit mit den Autoren von *Wort und Tat* nicht förderlich war. Es gab einen Linksintellektuellen, er hieß Hollitscher und war Naturwissenschaftler, dessen Allüren mich jedesmal auf die Palme brachten. Kam er zu einer Besprechung in den Deltahof, so knallte er Kyra stets irgendetwas auf den Schreibtisch, was sie während unserer Besprechung für ihn tun sollte — ein Vorgehen, das ich bis heute als ganz schlechten Stil qualifiziere. Selbst ich, als ihr unmittelbarer Vorgesetzter, brachte nie private Arbeit in die Redaktion mit, und er tat schließlich nichts, als Artikel einzureichen, die ihm bezahlt wurden. Als er wieder einmal ein Buch auf Kyras Schreibtisch geworfen und sie ersucht hatte, es für ihn aufzuschneiden, platzte mir der Kragen und ich sagte ihm meine Meinung. Im übrigen habe ich aus der Zusammenarbeit mit ihm nur noch sein Bonmot in Erinnerung, daß Fußnoten auf geheime exhibitionistische Sehnsüchte des betreffenden Autors hindeuten.

Zweifellos ist es übertrieben, zu sagen, Kyra ließ sich fallen. Aber ich glaube noch heute, daß sie ohne ihre tiefsitzende Gleichgültigkeit, ohne die vielleicht unbewußt vollzogene Absage an das Leben und die Hoffnungen auf Glück sich nicht einem gut aussehenden, aber äußerst unbeliebten Offizier ergeben hätte, der schon in seinem Namen ein Odium mit sich herumtrug: Er hieß nämlich wie jenes Scheusal, das in der Französichen Revolution die *Noces de Nantes* erfunden hatte: Verdächtige, Royalisten und bald auch Girondisten wurden, Männer wie Frauen, nackt ausgezogen, paarweise zusammengeschnürt, in die Loiremündung hinausgerudert und dort über Bord geworfen oder mit lecken Kähnen versenkt, bis im Februar 1794 der Urheber dieses Massenmordens dann den unverdient schnellen Tod auf der Guillotine starb.

Kyra hatte mir von ihren Autoausflügen mit dem spätgeborenen Namensvetter erzählt, von den angeblichen Autopannen, durch die er sie dann in den damals noch reichlich tristen Ausflugsgasthöfen rund um Wien in die feuchten Laken zerren konnte. Nun, er hat sie später geheiratet, sie ist eine perfekte Pariserin geworden mit jenem besonderen Flair, wie es so manche nach Paris gegangene russische oder polnische Emigrantin der Damenwelt an der Seine vorgelebt hat. Dennoch war es mir eine wahre Freude, als mir später — nach meiner Arbeit bei *Wort und Tat* — der oberste Chef des ganzen Informationsdienstes eines Morgens sagte: ,*C.s'est fait écraser par une voiture*' (d. h. hat es fertiggebracht, sich überfahren zu lassen). Die Wortwahl allein war schon aufschlußreich: *Ecraser* heißt wörtlich zermalmen, zerdrücken, zerquetschen, und der *Chien écrasé*, der unter Autoreifen zerquetschte Hund, ist das klassische Beispiel jener kleinen Meldungen, mit denen ein Boulevardblatt seine Spalten füllt, wenn sonst nichts los ist. Deutlicher konnte der Chef mir nicht zu verstehen geben, was er von C. hielt. Von Kyra hingegen schwärmte er wie ich, als wir einander Jahre später in Paris wieder trafen und von den alten Zeiten im Deltahof plauderten.

Ich hatte bei *Wort und Tat* nicht nur ein kleines, aber festes Einkommen, sondern auch gewisse Möglichkeiten. Da ich den Theaterbericht für jedes Heft schrieb, gab es Pressekarten für die Zweitpremiere und die Chance, meine Stimme nun etwas freier und persönlicher zu Gehör zu bringen als in der beengenden Amtsatmosphäre beim Kulturstadtrat. Ich konnte aber, nach Rücksprache mit Capitaine Bourgeois (den ich nie in Uniform gesehen habe) auch Beiträge annehmen und einmal sogar eine kleine Anthologie junger deutscher Poeten bringen. Dazu hatte ich unter anderen Wolfdietrich Schnurre eingeladen, der mir in einem erfreut-überraschten Brief aus Berlin für die Berücksichtigung eines noch so gut wie Unbekannten dankte. Auf diese Weise ließen sich in Wien Verbindungen knüpfen, aus denen Freundschaften wurden: Zu dem Theaterhistoriker Benno Fleischmann, einem feinen, auch kunstgeschichtlich sehr bewanderten Gelehrten, der schon im November 1948 erst 42jährig starb. Er hatte 1945 seine Stelle an der Albertina, die er 1938 hatte aufgeben müssen, sofort wiederbekommen und gab die kleinformatig-hübsche Zeitschrift *Die Komödie* heraus. Das Erscheinen seines Buches über Max Reinhardt hat er noch erlebt, als Dramatiker aber hat er sich nicht durchsetzen können: An die 25 ungedruckte Stücke und dramatische Entwürfe sollen sich in seinem Nachlaß gefunden haben.

Länger währte meine Verbindung zu Helmut A. Fiechtner, Komponist aus Siebenbürgen, der in Wien, bei der *Furche*, als Musik- und Literaturkritiker arbeitete und ein bis heute wertvolles Buch über Hofmannsthals Freundeskreis herausgebracht hatte. Die *Furche* hatte als einziges Blatt eine negative Kritik meiner als Buch erschienenen Dissertation über die irrationalen Elemente im Werk Gerhart Hauptmanns gedruckt, gezeichnet von Dr. Robert Mülher. Er hatte eine Arbeit über Hauptmanns *Pippa* in der Lade, monierte, daß der rätselhafte Aufschrei Jumalai gar nicht so rätselhaft, sondern einfach ein finnisches Wort sei (was ich in Krumau im Böhmerwald natürlich nicht hatte feststellen können) und warf mir vor, die rationalistischeste Sonde in das Dichterwerk versenkt zu haben, nämlich die Psychoanalyse.

Es war mein erster Verriß. Mir blieb bei der Lektüre buchstäblich der Atem weg, ich hatte Beklemmungen und war wie von Sinnen — 24 Stunden lang. Dann rief mich aus der *Furche*-Redaktion Fiechtner an, stellte sich vor und versicherte mir, die Redaktion sei nicht Mülhers Meinung. Mülher sei verzweifelt und wütend gewesen, weil er selbst über Hauptmann arbeite und sich den Wind aus den Segeln genommen sah. Daraus wurde bald eine Freundschaft mit Fiechtner und seiner Frau, die zu vielen Besuchen in meiner kleinen Wohnung auf dem Wiedner Gürtel führte, obwohl sie in der sowjetischen Besatzungszone lag. Fiechtner lockerte sich meist erst nach dem ersten Glas Wein, während seine Frau Humor, Laune und Schlagfertigkeit in einem Maße entwickelte, wie sie im damaligen Wien nicht oft anzutreffen waren.

Mit Mülher versöhnte ich mich erst 1976, als wir in München zu Herbert Günther und Elena Glazounowa eingeladen waren, zwei Jahre, ehe Günther starb. Mülher war Ordinarius in Graz und bekannte sich freimütig zu seiner damaligen Verärgerung. Meinem Hauptmann-Buch wären freilich ganz andere Versäumnisse vorzuwerfen gewesen: Ich hatte, da Hauptmanns Witwe die ganze leidenschaftliche Verbindung totschwieg und alle diesbezüglichen Zeugnisse zurückhielt, nichts von Ida Orloff gewußt, weswegen mein ganzes Eros-Kapitel eine Art Ritt über den Bodensee war, einer der Gründe, aus denen ich dieses Buch nie neu bearbeitet und einem anderen Verlag zur Neuausgabe anvertraut habe.

Daß ich hundert Meter von der Grenze der britischen, aber in der sowjetischen Besatzungszone wohnte, störte nicht nur meine französischen Arbeitgeber, sondern vor allem einige meiner Freunde. Milo Dor und Reinhard Federmann arbeiteten mit Friedrich Torberg zusammen, und wenn dies auch literarische oder publizistische Aktivitäten waren, so hatten sie sich in ihrem Roman *Internationale Zone* und in verschiedenen Artikeln doch ziemlich weit vorgewagt und mußten zumindest mit unangenehmen Verhören rechnen, wenn sie den Russen zu nahe kamen. Andererseits gab es für Federmann gebieterische Notwendigkeiten, mich aufzusuchen, denn wenn ich auch wenig verdiente, so war es doch mehr, als er meistens hatte. Die Ängste, die Federmann ausstand, wenn er die paar Schritte vom (britischen) Margaretengürtel zum Haus 64 auf dem (sowjetischen) Wiednergürtel zurücklegen mußte, hat Helmut Qualitinger in einem Bonmot geschildert: ‚Wenn der Federmann zum Schreiber um Geld geht, dann glaubt er immer eine Stimme zu hören, die hinter ihm herruft: Fjedermaan!' Aber auch ich wurde Gegenstand Qualtingerscher Späße. Er konnte ja die Russen ausgezeichnet nachmachen und rief wiederholt abends an, als angeblicher Besatzungsoffizier, dem meine hübsche junge Frau aufgefallen sei und der sich eben darum mit uns treffen wolle, bei reichlich Wodka. Die drei oder vier Anrufe dieser Art haben uns viele schlaflose Nächte bereitet.

Milutin Doroslovac, der sich schon früh Milo Dor nannte, und Reinhard Federmann hatte ich bei unserer Zusammenarbeit am Jugend-Sonderheft des *Plan* kennengelernt; im Komitee war außer uns noch Hans Heinz Hahnl, der in den letzten Jahren in zwei verdienstlichen Büchern auf einige jener Autoren hingewiesen hat, die damals — meist erstmals — im *Plan* gedruckt wurden, nachher aber nicht mehr viel von sich reden machten. Von heute noch bekannten Autoren waren in dem Heft, das sich ja auf keinerlei Informationen stützen konnte, sondern gleichsam jedem *on dit* folgen mußte, immerhin Ilse Aichinger vertreten, aber auch Hans Bausenwein, Gertrud Ferra (später Ferra-Mikura zeichnend), der Psychiater und originelle Erzähler Hermann Friedl, mein BEA-Kollege Franz Probst, noch bei Nadler Rivale und dann nach Prag gegangen, weil die finanziellen Bedingungen des Studierens nach 1939 dort besonders günstig waren, und unter den Graphikern Ernst Fuchs. Wie klein die Literaturszene damals noch war, zeigte sich mir in der Tatsache, daß unter den Beiträgern auch Hans Mukarovsky erscheint, ein junger Afrikanist, der später in den Bundespressedienst ging. Sein älterer Bruder Geza hatte mich drei Jahre zuvor gelegentlich eines Spaziergangs bei Kefermarkt über die Existenz von Konzentrations- und Vernichtungslagern aufgeklärt. Geza, Kaufmann in Casablanca, meldete sich später noch einmal auf die herzlichste Weise bei mir; für Hans hatte ich einmal eine Dichterlesung im Rundfunk arrangiert und eingeleitet, aber wohl zu wenig des Lobes gesagt, wonach wir dann nichts mehr voneinander hörten.

Das Jugend-Heft des *Plan* im ganzen zu bewerten, ist heute müßig; schon ein Jahr später hätte es ganz anders ausgesehen. Neben grenzenloser Naivität (‚Wir sehen im Österreichischen Gewerkschaftbund unseren treuesten Freund', schrieb Helmut Reiss, ein zwanzigjähriger Facharbeiter) stand wildeste Polemik in Kurzessays von Probst, von mir, von Hahnl und von Rudolf Lind. Bestand hatte von all dem wohl nur Ilse Aichingers *Aufruf zum Mißtrauen*, ein in seiner frühen Reife mitreißendes und temperamentvolles Stück Prosa und zugleich ein Dokument. Es wurde zweifellos damals zum erstenmal gedruckt; ihr Roman *Die größere Hoffnung* kam erst zwei Jahre später heraus.

Während Ilse Aichinger, die noch studierte und daneben schrieb, uns auf Distanz hielt, fanden wir anderen uns keineswegs nur bei Erwin Müller am Opernring zusammen, sondern in zwei oder höchstens drei Lokalen, die einander ablösten, lange bevor das Café Raimund mit Buddha Weigel oder gar das Havelka diese Funktion übernahmen. An eines jener Lokale, den *Strohkoffer*, erinnere ich mich recht gut, obwohl es vermutlich zwei Lokale dieses Namens gegeben hat. Der in den ersten Jahren nach 1946 von Jungliteraten und Künstlern am häufigsten besuchte *Strohkoffer* war ein Kellerlokal wenige Meter von der Kärntnerstraße, vielleicht in den Blocks zwischen Kärntnerstraße und Neuem Markt. Der wirkliche Betrieb begann spät, weil die meisten von uns ja irgendeinen Beruf hatten, danach noch zu Hause aßen und dann loszogen. Als letzter kam immer Theodor Sapper, denn er war Feuerwachmann im Burgtheater und mußte das Ende der Vorstellung abwarten. Er war mit vierzig Jahren der Älteste, sah aber mit Halbglatze, verlorenem Blick, kameradschaftlich-lächelnder Nonchalance und seinem dauernden Anlehnungsbefürfnis jedenfalls nicht sehr ehrfurchtgebietend aus. Zum Unterschied von uns allen hatte er einiges erlebt, war in Spanien und Nordafrika gereist und hatte all die Autoren gekannt, von denen uns Otto Basil gelegentlich erzählte: Anton Kuh und Jakob Haringer, Albert Ehrenstein und Theodor Däubler. Mit Sapper saß ich viel und lange beisammen, und wir blickten von unseren Gesprächen nur auf, wenn Josef Mikl vorbeikam und stumm seine neuesten Zeichnungen auf den Tischen verteilte. Da die Maler ja ein langes Leben haben, überraschte es mich nicht, daß er seinen Lehrstuhl in Graz lange innehatte und emeritiert wieder in Wien lebt. Sicher ist, daß die Zeichnungen Mikls, die ich Jahrzehnte später sah, als er schon berühmt war, genau so aussahen wie jene, die er damals für 40 Schilling das Stück herumbot, kubistisches Gestrichle, mit dem ich nichts anfangen konnte — wie sich inzwischen gezeigt hat ein Irrtum. Wenig später wurden wir alle, die Plan-Runde vermehrt um Herbert Eisenreich, Franz Kießling und einige inzwischen aufgetretene Dichterinnen, nach Kapfenberg eingeladen. Ein Direktor eines dortigen Industriewerkes war der Mäzen der Tagung, in deren Rahmen es auch eine Gemäldeausstellung gab. Bei dieser Gelegenheit kaufte ich mein erstes Bild von einem Maler, der sich Waldorf nannte und der später ebenfalls Akademieprofessor und berühmt wurde; seine Kugelbäume an einer italienischen Landstraße, damals für 200 Schilling erworben, besitze ich noch heute.

Der *Strohkoffer* tat mir wohl; da war keiner weiter als ich, da erwartete niemand etwas von mir, man brauchte nicht zu posieren, und da keiner etwas hatte, gab's auch keinen Neid. Demgegenüber war die wiederbegründete Österreich-Sektion des Internationalen PEN-Clubs ein sehr viel glatteres Parkett. Alexander von Sacher-Masoch, nach einem Gerücht Großneffe des Masochismus-Barons aus Lemberg, hatte mit Franz Theodor Csokor als Gallionsfigur die Neugründung in die Wege geleitet. Er kannte meine Artikel im *Österreichischen Tagebuch*, und da ich 1946 mein erstes Buch — meine Dissertation — herausgebracht hatte, waren die Voraussetzungen für eine Berufung in den wiedergeborenen PEN gegeben, auch wenn Sacher-Masoch mit seiner Begründung, ich sei der einzige unter den Jungen, der schreiben könne, zweifellos nicht recht hatte. Es war nur nicht ganz einfach, einen Überblick über die verstreuten literarischen Aktivitäten meiner Generation zu gewinnen, und durch *Plan* und *Turm* war ich eben gleich im Zentrum des Geschehens aufgetreten.

Die richtungsweisenden Aufsätze zu diesem Neubeginn eines altberühmten Clubs namhafter Autoren erschienen im *Österreichischen Tagebuch*, wo ich allwöchentlich meine Kolumne hatte. Und da dieses

Blatt im kommunistischen Globus-Verlag herausgegeben wurde, konnte Rudolf Henz später schreiben: ‚Hinter der Parole *Niemals vergessen* stand bereits, kaum sichtbar, die Aufforderung: Hinein in die Volksdemokratie!' *(Fügung und Widerstand,* Graz 1963).

Der wiederbegründete PEN hatte also schon in Hinblick auf die Zentrale in London und die angestrebte Wiedererringung internationaler Geltung die Pflicht, eine antifaschistische Basis zu suchen, wollte andererseits aber begreiflicherweise an die österreichischen Traditionen anschließen, die 1938 so brutal abgeschnitten, ja diskriminiert worden waren. Henz hatte sich auf eine große Ausstellung des Jahres 1946 bezogen, die unter dem Motto *Niemals Vergessen* die Verbrechen der Jahre seit 1934 (Dollfußmord) und 1938—45 etwas hastig, aber dank der Überfülle doch überzeugend zusammengestellt hatte. Lernet-Holenia meinte zum Unterschied von Henz, Antifaschismus und österreichische Tradition würden sich irgendwie vereinigen lassen. Es gab nur innerhalb der österreichischen Literatur so gut wie keine antifaschistischen Großtaten, diese hatte auch die Emigration nur sehr dürftig nachgeliefert. Robert Neumanns Schnellschuß *Die Kinder von Wien* bewies dies indirekt, da dieser noch ohne Kenntnis der neuen Lage in Wien zusammengekleisterte Kolportageroman trotz seiner miserablen Qualität in alle Weltsprachen übersetzt wurde: Es war eben nichts anderes vorhanden, und Wien war ein Zauberwort.

Der mir in jahrelanger freundschaftlicher Korrespondenz verbundene Marbacher Germanist, der die Niederschrift meiner Erinnerungen angeregt hat, war dabei von der Überlegung geleitet, daß über die frühe Nachkriegszeit des Wiener PEN-Clubs kaum noch jemand Bescheid wisse; das lediglich nach Dokumenten erarbeitete, in vielen Einzelheiten aber irrende Böhlau-Buch von Klaus Amann (Klagenfurt) hatte mir schon vorher ähnliche Überzeugungen vermittelt. Dennoch zaudere ich, zu einer umfassenden Darstellung anzusetzen, einmal, weil auch mir als Mitlebendem vieles verborgen blieb, vor allem aber, weil kein Außenstehender und kein Bundesdeutscher es für möglich halten würde, was sich damals in Wien teils als Sturm im Wasserglas, teils als unfreiwillige Komödie ereignete. Die handelnden Figuren waren durchaus originell. Franz Theodor Csokor gab den *père noble*, bisweilen aber auch die komische Alte; Alexander von Sacher-Masoch und Lernet-Holenia, beide umwölkt von attraktiven Herkunftsgerüchten, alternierten als Bonvivants. Der erotische Mittel-Brenn-Dreh- und Angelpunkt war mit der an allen wichtigen Stellen wohlgerundeten Erika Hanel keineswegs antifaschistisch besetzt, und die sich nach und nach einstellenden erotischen Siegerpersönlichkeiten hatten durchaus eindrucksvolles Format. Ich entsinne mich noch eines Tages, da Federmann mir zu raten gab, wer nun endgültig der Glückliche bei der attraktiven Erika sei, er stehe in jeder Literaturgeschichte. Da dies nur für die allerwenigsten PEN-Mitglieder zutraf, tippte ich natürlich auf Lernet (also daneben) und wäre von mir aus nie auf Arnolt Bronnen gekommen.

Wie bei jeder Komödie gab es auch böse Buben, gestellt von Hans Weigel und — aus einer gewissen Distanz — Friedrich Torberg. Weigel bearbeitete die Wiener Szene mit gezielten Denunziationen, Torbergs Aktivitäten waren, wie man heute aus den Memoiren von Hilde Spiel weiß und nicht mehr geheimzuhalten braucht, erheblich weiträumiger und massiver. Den Chor, sonst wohl nur der Tragödie nützlich, stellten in großer Zahl die unglaublich komischen Figuren eines Literaturbetriebes, der sich auf Herren und Damen stützte, die sich entweder überlebt oder noch gar nicht wirklich zu leben begonnen hatten.

Trotz aller international festgelegten, mit britischer Fairneß ausgearbeiteten Clubregeln lief in Wien natürlich alles ganz anders. Das Wesen eines Clubs besteht meiner Meinung nach darin, daß seine Mitglieder im Prinzip gleichrangig sind. Vor allem, da der PEN sich ja exklusiv gab, es sogar zu einer Art Ballotage bei der Aufnahme neuer Mitglieder kam, durfte es, sobald die Aufnahmeprozedur entschieden war, keinerlei hierarchische Mechanismen mehr geben. Als ich eines Tages in den Vorstand gewählt worden war, versuchte ich, ein Rotationssystem durchzusetzen, in der Art, daß jeder, der dem Vorstand durch zwei Perioden angehört hatte, ein drittes Mal nicht mehr gewählt werden könne.

Brunngraber, überaus erfolgreicher Sachbuchautor vergangener Epochen, begann daraufhin sogleich mit einer weinerlichen Aufzählung aller Mühen und Lasten, die er auf seinem einbetonierten Vorstandssitz ehrenamtlich auf sich genommen habe, und Dr. Franz Glück sagte chevaleresk: Vielleicht verrät uns der Doktor Schreiber, wen er mit dieser Maßnahme aus dem Vorstand weghaben möchte, dann kommen wir am schnellsten zu einem Ende. Er hatte rein kakanisch eine persönliche Intrige vermutet, während es mir wirklich um die Sache gegangen war. In dieser Sitzung hatte ich nur bei Zohner, einem glänzenden Feuilletonisten und Herausgeber von Feuilleton-Anthologien, Unterstützung gefunden, niemand anderer hatte begriffen, daß die einzige Chance des PEN in einer Verbreiterung der Vorstands-Basis bestanden hätte. Denn wir Jungen, die damals beim *Plan* und in anderen Milieus schon erfolgreich aufgetreten waren, wir waren tatsächlich — heute sieht es jeder — eine starke Generation, auch wenn die besten Talente wie etwa Ingeborg Bachmann, noch mit leiser Stimme erst ein paar Gedichte vortrugen.

Es war natürlich ein schwieriger Übergang vom erklärten Antifaschismus, wie er sich nach 1945 als selbstverständliche Richtschnur erwiesen hatte, zum aufgezwungenen Antikommunismus, der in Österreich politisch einem Kampf gegen Windmühlen glich angesichts von nur drei Nationalratsabgeordneten der KPÖ. Und kulturell war der Antikommunismus vollends eine Art Harakiri, weil Weigel und Torberg es tatsächlich jahrelang verhinderten, daß Bertolt Brecht anderswo als im kommunistischen Theater *Scala* im sowjetisch verwalteten vierten Bezirk inszeniert wurde. Es waren aber auch die besten Köpfe der Musik- und Kunstkritik und ausgezeichnete Journalisten unter den heimgekehrten Emigranten mit den Fleischtöpfen des roten Globusverlages innig verbunden: Der hervorragende Georg Knepler, Jahrgang 1906, ein Urwiener und, wie ich vermute, Sohn des einst so berühmten Wiener Konzertagenten. Er hatte über Brahms dissertiert, war in England, nicht in der Sowjetunion, im Exil gewesen und fiel also unter das Henz-Diktum: ‚Auf der Insel drüben nisteten seltsame Vögel. Was immer an kommunistischen Intellektuellen kam — soweit sie nicht bereits mit den Russen eingerückt waren — kam aus England.' Ein anderer Musikwissenschaftler von internationalem Ruf war Kurt Blaukopf, Jahrgang 1914, aus dem Talentereservoir der Bukowina, ein dritter war Friedrich Wildgans, der Sohn des Dichters. Unter den Künstlern war die Zahl der Linken Legion, ich habe, da ich dies schreibe, die köstliche Karikatur vor mir, die der Graphiker Sussmann damals von mir gemacht hat und die mich als Schnurrbartfatzke freundlich grinsend zwischen Bücherstützen zeigt. Welterfahrenen Journalisten wie Jacky Rosner (der mir das Wegstreichen beibrachte) und dem in der mexikanischen Emigration tonangebenden Bruno Frei hatten die Daheimgebliebenen ganz einfach nichts entgegenzusetzen, und wenn es im *Vorwärts*-Gebäude, unter den Sozialisten, und in der Strozzigasse, wo die Schwarzen residierten, ein paar durchaus nette und ansprechende Menschen gab, die wirkliche geistige Attraktion ging von ihnen nicht aus.

Ich gebe zu, daß ich die Worte meiner Mutter, die Linke würde mir kein Glück bringen, längst in den

Wind geschlagen hatte. Die echte Freundschaft, die mir der Maler Carl Zahraddnik und die wichtige Führung, die mir Bruno Frei und Jacky Rosner entgegenbrachten, dies hatte alle Bedenken besiegt. Ich nährte in mir eine gesunde Abneigung gegen die alten Feierlinge und Barden der NS-Zeit, ich schrieb allwöchentlich im *Tagebuch*, weil es inzwischen das einzige Organ geworden war, in dem man gegen die Größen von gestern wirklich vom Leder ziehen konnte, und ich war politisch einfach zu unorientiert, um zu differenzieren. Der Sozialismus war für mich ein unpolitisches Positivum. Hatte nicht mein Großvater den Ruf des roten Kommerzialrates gehabt, weil er für seine Arbeiter in Neudörfl vier große Mehrfamilienhäuser gebaut und ihnen einen Sportplatz angelegt hatte? Ich entsinne mich noch eines Artikels, in dem ich Léon Blum positiv behandelt hatte. Hugo Huppert — als Übersetzer von Majakowski und des georgischen Versepos vom *Rekken im Tigerfell* als Dichter ausgewiesen — nahm mich beiseite und sagte mir: ‚Das dürfen Sie nie wieder tun. Man hat es Ihnen durchgehen lassen, weil wir alle wissen, wie jung Sie sind und wie arglos. Aber lassen Sie sich eines gesagt sein: Léon Blum ist unser Feind!'

Ich war wie vor den Kopf gestoßen, wurde vorsichtig und suchte Trost bei den jüngeren, aus Wien kommenden Autoren der Globus-Mannschaft, vor allem bei Friedl Hofbauer, der Dichterin unter den Jugendbuchautorinnen, und ihrem späteren Mann Kurt Mellach. Mit Friedl durchstreifte ich stundenlang die Wiener Umgebung, die sie besser kannte als ich, und danach gab's in der Daringergasse, einem Gemeindewohnungs-Block, in dem auch Federmann, Qualtinger und Peter Weck wohnten, Steaks mit viel Knoblauch. Erst Jahrzehnte später erfuhr ich, daß sie auch mit meinem Bruder Georg gut befreundet war und gemeinsame Touren unternahm, eine Tatsache, die zeigt, daß selbst engste Verwandte in mancher Hinsicht nebeneinander herlebten.

Wie stand es überhaupt mit Georg? Er hatte erst 1945 zu studieren beginnen können, verdiente sich, wie berichtet, zunächst mit Deutschstunden Geld und kam dann bei Ernst Jirgal unter, der im Jugendheim Tivoli ein wenig Abglanz von der einstigen Bundeserziehungsanstalt des großen Ludwig Erik Tesar heraufzurufen versuchte. Einzig im *Brenner*, wie ihn heute die Germanisten der Innsbrucker Universität wieder herausgeben, sind die Tendenzen und Gedanken jener Gruppe noch lebendig, die vor allem in der *Schule am Turm* die Quadratur des Zirkels in der Pädagogik zu finden versucht hatte: Demokratische Erziehung für die geistige Elite aller Stände. Davon konnte unter den Verhältnissen auf dem Tivoli zwar keine Rede mehr sein, aber Jirgal brachte es doch zuwege, den Tivoli zu einer Stätte der Begegnung werden zu lassen. Ich habe dort außer polnischen Dichtern und Autoren aus den Nachfolgestaaten der Monarchie in angenehmster Runde Jorge Amado kennengelernt und Miguel-Angel Asturias, mit dem die Unterhaltung sehr leicht war: er sprach fließend französisch.

Trotz der verschiedenen Nebenbeschäftigungen machte mein Bruder seinen Doktor und auch die Lehramtsprüfung in vergleichsweise kurzer Zeit, und die Fakultät erwies ihm die Ehre, die lateinische Dankansprache der jungen Doktoren halten zu dürfen. Seine Dissertation über die Hetairien im alten Athen bauten wir 1956 in unser gemeinsames Sachbuch über die Geheimbünde ein, in welchem Zusammenhang die natürlich leichter lesbar gemachte Arbeit 1992 als Taschenbuch und wenig später als Hardcoverband neuerlich erschien.

Ernst Jirgal starb sehr früh, kurz nach unserer gemeinsamen Reise durch Südfrankreich in Gesellschaft unserer jungen Frauen, im August 1956 ganz plötzlich, bei einem Glas Wein, das er im Stehen an einer Theke getrunken hatte. Er war ein starker Raucher und hatte unter schwersten Migräne-Anfällen gelitten, die ihn zu hohen Dosen von Schmerzmitteln gezwungen hatten. Sein Freundeskreis in Wien, Kärnten und Tirol hat ihn nicht vergessen. Als ich gegen Ende der Achtzigerjahre seinen Nachlaßband *Nomadenabend* mit einer Einleitung von Herbert Eisenreich herausbrachte, war das kleine Buch im Nu vergriffen.

Karl-Markus Gauß hat dieses Buch in einer großen Rezension in der *Neuen Zürcher Zeitung* zum Anlaß genommen, Jirgal als den Dichter einer Gemeinde zu qualifizieren, aber angesichts der österreichischen Verhältnisse stimmt das nicht. Auch stärkste Begabungen der Generation zwischen 1905 und 1925 konnten durchaus unbemerkt bleiben, das heißt, auf eine Gemeinde persönlichen Zuschnittes beschränkt, weil unserem Land 1938 die eigentliche literarische Aktivität und die Atmosphäre der großen Neugierde unwiederbringlich verlorenging. Zweifellos gab es Mißtöne im Geschrei der kräftigen Cliquen um Schnitzler, Werfel, Max Brod und so manchen anderen, aber was nachher kam, war eine lähmende Stille, in der nicht einmal der reine Klang der Jirgal-Elegien aufhorchen ließ, in der nicht einmal die verführerischen Wohlklänge seiner dalmatinischen Gedichte vernommen wurden. „Das Werfel", schreibt Franz Blei in seinem *Bestiarium,* „kann singen wie nur irgend ein Tenor und tut es sowohl gern wie oft beim geringsten Anlaß, besonders aber, wenn Lärm ist." Das aber ist nicht jedermann gegeben.

Jirgal und Stephen Spender waren es, die meiner damals noch sehr jungen zweiten Frau das einfachste Kriterium für die Unterscheidung von Dichtern und Schriftstellern geliefert hatten: ‚Schriftsteller sind häßlich, aber die Dichter sind schön.' Selbst wir, seine Schüler, hatten dies empfunden, wenn Jirgal im damals noch langhosigen Tennisdreß über den Burghof unserer *Schule am Turm* ging, und es soll unter den von uns allen angeschwärmten Palmers-Mädchen eine gegeben haben, die ihm rettungslos verfallen war. Den Charme der grün uniformierten Maiden hat Zuckmayer in seiner Henndorfer Idylle festgehalten, der Zauber um Jirgals kurzen Ausflug ins Leben ist in Dichtungen beschlossen, die noch immer kaum jemand kennt. Er war, bei allem Ernst, ja trotz seiner Strenge gegenüber meinen Büchern, die Güte in Person, ja gewiß die Inkarnation des Freundesbegriffs wie ihn frühere Generationen noch kannten und kultivierten.

Im Jahr 1948 zeigte sich, daß Capitaine Bourgeois, Herausgeber der Zweimonatsschrift *Wort und Tat*, die sich ja nie selbst tragen konnte, gewisse Unregelmäßigkeiten begangen oder jedenfalls zu verantworten hatte. Es war trotz meines guten Gewissens doch ein seltsames Gefühl, eines Morgens von einem Jeep der französischen Militärpolizei abgeholt zu werden und mir völlig fremden Herren gegenüber zu sitzen, die ganz offensichtlich sehr viel mehr von mir wußten als ich von der ganzen Angelegenheit.

Es stimmte, daß Bourgeois in den Monaten zuvor mir allerlei Abrechnungen zur Unterschrift vorgelegt hatte; aber auf den langen Listen waren durchwegs Dinge aufgeführt gewesen, die mit der Herstellung und dem Versand einer Zeitschrift zu tun hatten; da ich ja nur die Wiener Auflagen — und diese nicht vollständig — überblickte, hatte ich keinerlei Möglichkeit zur Kontrolle und unterzeichnete, wie Bourgeois mir erklärte, *pour faciliter les écritures* (sinngemäß übersetzt: reine Formsache, Schreibkram ohne Bedeutung). Kyra hatte dabei wohl ein wenig schräg geguckt, aber nichts gesagt; offenbar war sie von den Geschäften der Besatzungsoffiziere ganz andere Dinge gewöhnt.

Die Verhöre in irgendeinem französischen Justiz-Zentrum erfolgten, glaube ich, an zwei verschiedenen Tagen. Ich habe sie nach Stimmung und Szenerie in meinem Roman *Die Glut im Rücken* geschildert und wurde schließlich völlig exkulpiert, da Bourgeois mein Vorgesetzter gewesen war. Im Grunde aber sprach man mich von der Mitverantwortung wohl frei, weil es ganz offensichtlich war, daß ich für einen Menschen von 28 Jahren sträflich ahnungslos sei, was Geschäfte, Unterschleife und Nachkriegs-Usancen betraf. Leider ist mir diese Unbedarftheit erhalten geblieben, auch als es um sehr viel mehr ging als um ein paar Papier- und Druck-Rechnungen, weswegen ich mich immer wundere, wenn Kollegen mich als einen guten Kaufmann unter den Autoren bezeichneten, nur weil ich gut verdiente. Man hätte aus meinen Erfolgen der Sechziger- und Siebzigerjahre finanziell zweifellos sehr viel mehr machen können.

Auf das Erlöschen von *Wort und Tat* schien eine andere Dienststelle im Deltahof nur gewartet zu haben: Der nicht — wie Bourgeois — halbprivat agierende, sondern unmittelbar Béthouart unterstellte *Service d'Information*, das Pressezentrum der Besatzungsmacht, geleitet von dem wendigen Elsässer Commandant Meyer. Nach ein paar vorbereitenden Gerüchten, deren eines mir Madame Béthouart *entre poire et fromage* servierte (ich habe nie jemanden eine Birne so schälen sehen wie sie, blitzschnell, mit spitzen Fingern und einem kleinen Messerchen) saß ich also dem gefürchteten Mann, einem hochbegabten Presseoffizier und bekannten Choleriker, gegenüber. Er berichtete, daß die allwöchentlichen Presseaussendungen, unter dem unmöglichen Titel *Kulturelles* erscheinend, zu einem Ärgernis geworden seien. Sie kämen niemals pünktlich, so daß sich die österreichischen Zeitungen nicht auf das Material einstellen konnten, sie erzielten keine Nachdrucks-Ergebnisse, pauschal *rendement* genannt, und inhaltlich seien sie überhaupt eine Katastrophe — ich sollte die Chefredaktion übernehmen, Ganztagsarbeit, gut bezahlt, aber nun eben das volle Joch.

Ich erzähle von diesem Abschnitt meines Lebens nicht nur, weil ich damit drei Jahre Angestellter war, und nachher nie mehr, sondern vor allem, weil ich in diesen Jahren erstmals selbst Verantwortung trug, organisieren mußte, eine kleine Gruppe von Menschen führte und mit einer weiten, unsichtbaren Aula, der österreichischen Presse, zusammenarbeitete. Es gab ein berühmtes Pendant zu den Wiener Aktivitäten, nämlich das, was Alfred Döblin im südwestdeutschen Besatzungsbereich aufgezogen hatte, und es gab eine hochtrabende Konkurrenz, das *Institut Français* im Palais Lobkowitz, das sich zwar selbst die Hände nicht mit Druckerschwärze beschmutzen wollte, aber alles, was im Deltahof geschah, argwöhnisch und äußerst kritisch verfolgte.

Obwohl ich in den paar Wochenstunden, die ich wegen *Wort und Tat* im Haus gewesen war, in der *Kulturelles*-Etage niemanden kennengelernt hatte, eilte mir das Gerücht, vermutlich dank Kyra Duschek und Commandant Meyer selbst, voraus: Es komme ein neuer Mann, und er sei sehr gut. Widerstände gab es nur beim Betriebsrat: Man fürchtete 1948 bereits um die Stellen bei der Besatzungsmacht, und ein hochdotierter Neuankömmling gefährdete naturgemäß jeden, der sich schon auf dem Schleudersitz fühlte. Da der Sprecher des Betriebsrats, ein ältlicher Mann, der nie einen Handschlag tat, Mitglied der KPÖ war, gelang es meinen Freunden vom Globus-Verlag, ihm klarzumachen, daß eine nicht funktionierende Wochenschrift zweifellos eingestellt würde, wonach dann alle brotlos wären. Sollte ich hingegen Erfolg haben, so würde das die Weiterexistenz des Organs und die Arbeitsplätze sichern.

Genosse Horwitz oder Horeschofsky, irgendsoein Name war es, fügte sich verärgert, er war sicher gewesen, in mir einen Upper-Class-Schwarzen vor sich zu haben, und meine guten Verbindungen, die bis zu Einladungen in östlichen Botschaften geführt hatten, enttäuschten ihn tief. Die Herren und Damen der kleinen Redaktion hingegen atmeten erleichtert auf, daß nun Zug in die Sache komme, und es war eigentlich gar nicht so schwierig. Hauptursache für das unpünktliche Erscheinen war gewesen, daß die einzelnen Mitarbeiter (die nichts anderes zu redigieren hatten als ihre eigenen Artikel) die Themen für ihre Arbeiten viel zu spät erhielten. Das verriet mir die Leiterin der Technik, eine sehr angenehme, ruhige und gut aussehende Frau, mit der ich mich zunächst besprach. Denn hätte es an den Kopierpressen gelegen, wäre die Redaktion ja weitgehend unschuldig gewesen.

Ich gab also an jedem Montag alle Themen aus und schrieb selbst die sieben Seiten Kurznachrichten, denn für diese Arbeit mußte man einen guten Überblick über das ganze kulturelle Geschehen in Frankreich haben, den meine Mitarbeiter nicht haben konnten, der mir aber schon bei *Wort und Tat* zugewachsen war. Den Leitartikel, oft ein Gedenkaufsatz oder ein längerer Bericht über ein Buch, schrieben der französische Chef und ich abwechselnd. Nach der Probezeit, in der ich nicht nur stets pünktlich ausgeschickt, sondern auch den Namen des Dienstes in *Geistiges Frankreich* geändert hatte, empfing mich Monsieur Leclerc, der Leiter der Informationsdienste, also eigentlich ein Namensvetter, ein prächtiger, musischer Mensch, der später eine verdiente UNESCO-Karriere machte. ‚Daß Sie gut sind, wußten wir, Monsieur Schreibeehr, *mais maintenant, je vois, vous savez organiser votre travail*' — Sie verstehen zu organisieren. Das Schönste war jedoch der Schlußsatz: Sie sind eingestellt, und ich habe das Höchstgehalt für Sie verlangt. — Als dieses Höchstgehalt, es waren netto etwa 2200 Schilling, dann auf meinem Konto einging, hatte ich gerade noch 40 Groschen an Aktiva darauf, denn während der Probezeit war es natürlich unmöglich gewesen, mit den kleinen Arbeiten für meine sonstigen Abnehmer Geld zu verdienen.

Man sieht es diesen Seiten wohl an, daß ich an diese Zeit gerne zurückdenke, und dieser Umstand bestätigt in gewissem Sinn, was meine zweite Frau heute noch sagt, da ich 74 Jahre alt bin: Ich hätte meinen Beruf verfehlt, ich hätte Bücher nicht schreiben, sondern sie verlegen sollen. Ich fühlte mich in meiner neuen Position in jeder Hinsicht pudelwohl, wohl auch, weil ich, seit Kinderzeiten von Liebe, Fürsorge und Hoffnungen umgeben, die Abgründe des Neides und der Mißgunst gar nicht bemerken, ja nicht einmal für möglich halten konnte, die nicht nur in Wien den Erfolg begleiten. Da die Wirtschaftsredaktion selbständig war und neben der Artikelproduktion vor allem privaten Geschäften nachging, hatte ich bis auf einen Grafen Trauttmannsdorf nur weibliche Redakteure. Der Graf war eine tragische Figur, hatte keinerlei Vermögen, eine schwierige Familiensituation und besserte sein nicht eben superbes Gehalt durch harmlosen Kleinhandel, meist mit Cognac auf. Ich habe nie wieder so guten und billigen Courvoisier oder Biscuit VSOP bekommen wie aus dieser leider bald darauf versiegenden Quelle. Presseerfahrung hatte er ebensowenig wie seine Kolleginnen, aber der Adelsfimmel der Franzosen und die Rarität französisch sprechender Kräfte hatten ihn an einen Schreibtisch gebracht, an dem er sich keineswegs wohlfühlte.

Die Damen mußte man mögen, und sie waren auch Damen im wahrsten Sinn des Wortes, vor allem Maggy Runzler, meine Sekretärin, eine Griechin aus Konstantinopel. Klein, beweglich und elegant war sie mit ihren vierzig Jahren auf eine köstliche Weise kindlich, wenn sie wollte. Sie blieb mir, aber auch meiner ersten und noch meiner zweiten Frau freundschaftlich verbunden, bis sie als Siebzigerin in Wien starb. Sie war ein wertvoller und interessanter Mensch, beliebt in einem weiten Kreis naher und entfernter Verwandter und Freunde und verstand sich auch mit dem Chef des Wirtschaftsdienstes prächtig, der die gleiche Herkunft wie sie hatte, sie in seinem schweren Akzent Runzi nannte und sie zur Verzweiflung gebracht hatte, ehe ich kam: Sie mußte für ihn endlose Korrespondenzen führen, als er von seinem Diensttelefon aus einen privaten Kugellagerhandel aufzog. Zu solchen Dingen hatte sie nun natürlich keine Zeit mehr, und da sie nicht die Kräftigste war und ja nie in dieser Weise ihr Geld verdienen mußte, wachte ich wie ein Zerberus über alle ihre Schreibarbeiten.

Ruhender Punkt in unserer Arbeit war die Bibliothek, in der die täglich anfallenden Zeitungen und Zeitschriften aus Frankreich ausgewertet und nach Stichworten archiviert wurden. Hier regierte eine durch ihre Allgemeinbildung, ihr Wesen und ihre stille Schönheit bemerkenswerte junge Frau, Tochter eines österreichischen Ministers aus der Zeit vor 1938. Da sie und ich in allen Ehren auch einige Bade- und Wanderausflüge unternahmen und ich sie nach meiner Übersiedlung in die Bundesrepublik einige Male wiedersah, weiß ich, daß sie nach der Liquidierung der Besatzungsdienststellen eine jener großen Karrieren gemacht hat, die sich von der Öffentlichkeit unbemerkt vollziehen. Sie studierte, machte ihren Doktor, übernahm im Finanzministerium das Ressort ‚Internationale Organisationen' und erzählte mir nach einer ihrer vielen Amerikareisen mehr amüsiert als stolz, daß man ihr einen märchenhaft dotierten Posten bei der Weltbank angeboten habe. Ich nehme an, daß sie mit Rücksicht auf ihre verwitwete Mutter in Wien geblieben ist, vielleicht sogar in ihrer großen Altbauwohnung im IV. Bezirk.

Im Rückblick erscheint es mir überhaupt so, als

sei unsere kleine Gemeinschaft eine Art Sprungbrett gewesen. Eine weitere Mitarbeiterin traf ich später als Direktrice des vornehmen Sacré-Cœur-Lyzeums, eine dritte ging an die österreichische Botschaft nach Brüssel, und Monsieur Bercovichi aus der Wirtschaftsredaktion machte eine Hollywoodkarriere. Die geheimnisvollste Erscheinung unter uns allen — alterslos und ungewisser Nationalität — war der ehemalige Variétézauberer Musti. Er arbeitete an den Kopierpressen, war stets freundlich und lieh den Damen Geld, das sie in einem allmonatlichen Reigen an ihn zurückzahlten, wenn die Gehälter ausgegeben worden waren.

Die Arbeitsbelastung war für des Schreibens gewohnte Leute sehr gering, nur die netten Laien-Redaktricen plagten sich die ganze Woche mit dem ihnen zugeteilten Artikel. Als ein paar Monate lang Milo Dor und Reinhard Federmann, ich glaube nacheinander, bei uns hospitierten oder aushalfen, rutschten diese Jungprofis schon am Dienstagnachmittag unruhig auf den harten und steilen Stühlen hinundher, Bürosessel im heutigen Sinn gab es leider noch nicht.

Ich hatte mit sieben Seiten Kurznachrichten aus allen Gebieten des Kulturlebens zwar vergleichsweise viel zu tun, aber es war eine lustige Arbeit, die im Wesentlichen aus Zeitunglesen bestand. Wirklich konzentrieren mußte ich mich nur für die Leitartikel, und da bedaure ich es, daß ich keinen einzigen von ihnen — es müssen an die hundert gewesen sein — durch meine vielen Übersiedlungen hindurchretten konnte. Soviel ich weiß, besaß Viktor Matejka, der meine Arbeit im Delta-Hof sehr schätzte, noch eine beinahe vollständige Sammlung der 150 unter meiner Ägide erschienenen Nummern des *Geistigen Frankreich*, aber ich hätte für diese größtenteils überholten Texte ohnedies keine praktische Verwendung mehr. Am meisten Komplimente brachten Chef Leclerc und mir meine Aufsätze über André Gide ein, der 1949 seinen 80. Geburtstag feierte und 1951 starb. Zu seinem Tod schrieb Ernst Jirgal eine große Elegie, die ich im Gedenkheft der *Nouvelle Revue Française* (Edition Gallimard) unterbringen konnte. Es erschien vor wenigen Jahren nocheinmal als Reprint.

Mittwoch, Donnerstag und Freitag war auch ich praktisch arbeitslos, erst am Freitagnachmittag waren die mühsamen Fertigungen meiner Mitarbeiterinnen durchzukorrigieren. Ich tat also etwas Verbotenes: ich übersetzte, und zwar Romane von Georges Simenon, für den kleinen, aber angesehenen Verlag, den Margarete von Rohrer aus Brünn nach Wien verlegt hatte. Mein erster Simenon — es wurden dann zehn oder zwölf — trug im Original den Titel *Maigret et son mort*. Der Mord, ohne den Simenon (was Gide bedauerte) kaum je auskam, wurde dadurch aufgeklärt, daß der auf einer Bank gefundene Tote Reste des Apéritifs Suze im Magen hatte. Frau von Rohrer starb leider früh, eine Dame altösterreichischen Zuschnitts, mit der ich gerne auch andere Verlagsobjekte besprochen und verwirklicht hätte. Sie war traditionsbewußt und zudem eine Frau von Welt, eine nach dem Krieg schon sehr selten gewordene Mischung.

Das Hauptvergnügen im Rahmen meiner Tätigkeit

für die Franzosen waren die Empfänge, zu denen der *Service d'Information* nach einer von mir aufgestellten Liste einlud. Wir hatten das den Polen nachgemacht, wo zwei bedeutende Schriftsteller als Attachés an der Gesandtschaft tätig waren, nämlich Aleksandr Jackiewicz und Stanislas Jerzy-Lec. Sie waren nur rein äußerlich Gegensätze, der eine groß, dunkel, und männlich attraktiv, der andere klein, rundlich und intellektuell. Sie luden, beraten von Rudi Felmayer, die interessanten Figuren aus der Wiener Szene ein, darunter auch eine ausgewählte Gruppe der jungen Talente, und ich hielt es nun also ähnlich. Dabei bereitete es mir ein besonderes Vergnügen, Verbindungen anzubahnen und Versöhnungen in die Wege zu leiten, denn unter den diskriminierten Kollaborateuren aus dem Hitlerstaat gab es ja einige ganz wenige anständige Menschen und literarische Hochbegabungen wie etwa den Dichter Werner Riemerschmid. Ihn brachte ich bei solch einer Gelegenheit mit seinem Nachfolger im Amt, dem etwas weniger kompromittierten Dr. Nüchtern ins Gespräch, der nun beim Hörfunk das Wetter machte. Das Ergebnis war, daß Riemerschmid wieder Arbeiten einreichen und Aufträge ausführen konnte, was neben der finanziellen Bedeutung auch für Riemerschmid selbst wichtig war, der bis dahin hatte zusehen müssen, wie ein Grüppchen von Leutchen, die ihm allesamt nicht das Wasser reichen konnten, mehr schlecht als recht eine Literaturabteilung machte.

Dieser Husarenritt über ein mir nur wenig vertrautes Gelände hatte mir die Sympathie Riemerschmids eingetragen, der zwar als Dichter und Essayist für die Aktivitäten beim österreichischen Rundfunk weit überdimensioniert war, aber angesichts der tristen Situation im österreichischen Verlagswesen und im Buchhandel für seine konzentrierten, exzentrischen und stets originellen Arbeiten kein Echo erhoffen durfte. Er erzielte mit seinen Büchern, unter denen eine halluzinatorische Trakl-Novelle mich besonders beschäftigt hatte, stets nur Achtungserfolge, nicht zuletzt, weil er gelegentlich schon im Titel seiner Sammlungen das Publikum auf Distanz hielt. Unübertroffen war er hingegen als Sprecher, nicht nur bei besonders feierlichen Anlässen, für die man ihm die Rundfunkreportage übertrug, sondern auch bei seinen Lesungen. Ich hatte einmal das Pech, mit ihm am gleichen Abend auftreten zu müssen; es war in Graz, und ich werde nie vergessen, mit welcher tödlichen Brillanz er nach meiner Lesung dann seine Aphorismen servierte.

Wir hatten nicht nur die Liebe zur französischen Dichtung gemeinsam (er war der beste Valéry-Übersetzer unseres Sprachraums), sondern den unausgesprochenen Hang zu dem, was man einst als das Wiener Großbürgertum bezeichnete. Als Sehnsucht nach der Atmosphäre meiner Kindheit durchwaltet sie mein ganzes Leben. In dem gepflegten Heim der Riemerschmids in Mödling fand ich sie wieder.

Nach dem Abzug der Russen im Jahr 1955 hatten mein Bruder und ich die schöne Wohnung am Erzherzog-Wilhelms-Ring mit dem Blick über ganz Baden zurückerhalten; ich hatte Georg abgefunden und die Wohnung renovieren lassen, so daß ein glückliches Leben beginnen konnte, obwohl Jutta offensichtlich noch nicht ganz sicher war, die zweite Frau Schreiber werden zu wollen. Die Wiener Lebensart aber behagte ihr sehr, die Abende dort, wo gerade ausgesteckt war, das heißt, wo einer der Weinbauern zwischen Baden, Gumpoldskirchen und Vöslau gerade seinen Eigenbau ausschenkte. Unsere Rundfahrten in den Rebenhügeln waren nur dadurch eingeschränkt, daß unser erstes Auto, ein kleiner Renault, nicht jede Steigung zu bezwingen vermochte.

Die Straße nach Mödling aber hatten wir im Griff, und das Heim der Riemerschmids tat uns wohl, weil ich ja keine Eltern mehr hatte und Juttas Mutter 1000 Kilometer weit weg war. Die heitere Würde, mit der Frau Riemerschmid bei keineswegs üppigen Geldmitteln das Haus führte, die unaufdringliche Dominanz des Hausherrn, das war bestes Österreich.

Ich habe für meine Auftritte und Demarchen in Deutschland immer wieder Werner Riemerschmid in Gedanken bemüht, wußte ich doch von dritter Seite, daß er für seine Arbeiten nie warb: Er legte sie vor, und gefielen sie nicht, so schob er sie in seine Aktentasche, verbeugte sich und ging. Von ihm habe ich gelernt, daß es gar keinen Sinn hat, mit Apparatschiks der neuen Medien zu verhandeln, weil sie aus eigener Unsicherheit immer wieder neue Bearbeitungen verlangen werden. Franz Hiesel und Fritz Habeck, zwei der besten Hörspieldramaturgen der Sechzigerjahre, haben mir vorgerechnet, daß durch diese Endlosprozeduren auch gute Honorare sich in Luft auflösen.

Werner Riemerschmid hätte ich gerne länger an meiner Seite gehabt, aber gerade sein Beispiel hatte mir die Unzulänglichkeiten der österreichischen Arbeitsbedingungen vor Augen geführt; er ist bis heute in seiner Bedeutung nicht erkannt.

Auch mir selbst also schufen diese Empfänge neue Verbindungen, und vor allem spielte ich nun eine gewisse Rolle: Ich hatte allwöchentliche Publikationsmöglichkeiten im *Geistigen Frankreich* und im *Österreichischen Tagebuch*, und wenn diese sehr lebendige Wochenzeitung inzwischen auch deutlicher als zu Beginn im Fahrwasser der KPÖ dahinsegelte, es gelang Kyras wütendem Offizier doch nicht, mir daraus einen Strick zu drehen, ich war noch nicht zu ersetzen. Ich blieb gerne, einmal, weil es für mich parteilosen Allroundschreiber keine vergleichbare Position in Wien gegeben hätte, zum andern, weil mir die Zweisprachen-Atmosphäre wohltat und die tägliche Begegnung mit so vielen hübschen Frauen aus beiden Nationen. Chef Leclerc war mit einer jungen, weichen, exotisch-anmutigen Frau aus reicher französischer Familie liiert, die er später heiratete. Sie spielte sehr gut Klavier, was mich hinderte, in der zwei Stunden (!) langen, echt französischen Mittagspause ein wenig zu schlummern.

Eine andere Französin, Madame Ducarre, ein ungeheures Temperament, hatte eine siebenjährige Tochter, die gelegentlich nach der Schule bei uns auftauchte. Sie sprach in diesem frühen Alter beide Sprachen fließend; es war köstlich zu sehen, wenn sie im deutschgeführten Telefongespräch mit einer Schulfreundin die Sprechmuschel zuhielt, um für ihre Mutter dolmetschen zu können. Madame Ducarre — ihr Mann war eine Art Zahlmeister — las im Rundfunk französische Gedichte oder Briefe vor. Mir wurde der beinahe schmerzliche Reiz der französischen Sprache und ihrer Melodik nie mehr so deutlich wie bei diesen zu kurzen Lesungen.

Da Polen, Franzosen, Ungarn und sogar Rumänen (diese mit einem gottvollen honiggelben Slibowitz) literarische Zusammenkünfte veranstalteten, ließ sich auch der PEN-Club nicht lumpen und lud zu Banketten vor allem dann, wenn Gäste kamen. Diese stammten naturgemäß zumeist aus der Bundesrepublik und bereiteten Erika Hanel aus einem bestimmten, heute kaum noch verständlichen Grund die ärgsten Seelenschmerzen — sie waren nämlich wesentlich weiter links orientiert als die senile Crème des österreichischen Zentrums. Es war die relativ kurze Phase, in der die USA eine taugliche (furchtbares Wort) Atombombe besaßen, die Sowjetunion aber noch nicht. Also lief die Anti-Atom-Propaganda aus dem Osten auf Hochtouren, natürlich nicht zielgerichtet, sondern als allgemeine Friedensoffensive getarnt.

Die aufrechten jungen Publizisten der nichtkommunistischen Lager wurden dadurch zutiefst verunsichert, denn der Frieden war nach zwei so mörderischen Kriegen an sich ein unangreifbares Gut. Friedrich Heer, linkskatholischer Historiker und grüblerischer Grundsatzdenker, beriet sich darum mit dem damaligen Mentor der Jungkatholiken, dem Prälaten Otto Mauer, erzbischöflicher Konsistorialrat und Dompfrediger zu Sankt Stephan. Seine Antwort machte die Runde in Wien: ‚Der Frieden, Fritzl, der ist jetzt eine kommunistische Sache, von dem derfst net reden!'

Hans Werner Richter, der vermutlich gar nicht wußte, wer dieser Otto Mauer sei, hielt sich nicht an diese Sprachregelung, erhob sich beim Wiener PEN-Bankett, brachte seinen Toast auf den Frieden aus und ächtete Atombombe und Atomkraft in schärfsten Worten. Erika Hanel huschte in Panik um die Tafel, konnte sie sich doch denken, was anderntags Hans Weigel über den kommunistisch verseuchten PEN schreiben würde; um Richters Worte zu entschärfen, fiel ihr nichts Besseres ein als die Flüsterparole, er sei eben ein Dichter, nicht ernst zu nehmen und vermutlich schon ein wenig betrunken.

Der PEN war in dieser Phase kaum zu retten. Hilde Spiel war noch in London oder in Berlin, der Nachwuchs zu jung und Lernet an diesen Querelen schon darum uninteressiert, weil er sich ohnedies am liebsten mit Ernst Fischer unterhielt, einer Intelligenz, der das übrige, das nichtkommunistische Österreich, nichts entgegenzustellen hatte. Während die paar hochkarätigen Rechts-Journalisten sich in der parteilosen *Presse* zusammenfanden (der Molden-Clan und der später in Deutschland zu Universitätsehren gelangte Siegfried Melchinger) regierte bei Sozialdemokraten wie Volkspartei deprimierendes Mittelmaß. Feuilletonredakteur Tassié zum Beispiel war von der Ausbildung her Turnlehrer gewesen, ein Herr Schiffleitner mußte als Herr Präsident angesprochen werden, weil er einem Journalistenverband vorstand. Hans-Heinz Hahnl arbeitete zwar schon bei der *Arbeiterzeitung*, hatte aber noch wenig zu sagen (ich glaube, er machte die Gerichtsreportagen), nur mit dem Redakteur und Romancier Gustav Karl Bienek verstand ich mich gut, weil seine Romane aus dem alten Österreich (über den Triester Lloyd und ähnliche Themen) mir von den Stoffen her gefielen.

Bei einer Vorstandssitzung des PEN kam es gelegentlich der Neuaufstellung der Wahl-Empfehlung für den nächsten Vorstand zu einer sehr peinlichen Szene. Lernet und Ernst Fischer hatten sich, auf einem Sofa plaudernd, für die Debatte nicht interessiert, aber Fischer fühlte sich schließlich doch zu einem Diskussionsbeitrag verpflichtet und kritisierte die aufgelisteten, ihm zum Teil nur dem Namen nach bekannten Autoren vor dem Dutzend anwesender Vorstandsmitglieder. Nach einigen abfälligen Bemerkungen über Abwesende kam er zu dem armen Bienek und sagte: ‚Dieser Gustav Karl Bienek ... was soll das? Das ist doch ein völlig unerheblicher Schriftsteller!' Eisiges Schweigen, bis sich dem Routinier Oskar Maurus Fontana die Zunge löste und er sagte: ‚Herr Bienek ist anwesend, Herr Nationalrat.'

Am Ende der Sitzung entschuldigte sich Fischer bei Bienek: Er habe tatsächlich noch nie etwas von ihm gelesen. Bienek wiederum, bemüht, eine Stimme aus Fischers Lager für sich anzuführen, verwies auf meine Rezensionen seiner Romane im *Österreichischen Tagebuch*. Es war die letzte Vorstandssitzung des PEN, an der ich teilnahm, was ich wegen Lernet bedauerte. Er war, was immer man heute über ihn lesen kann, wirklich souverän, er war aufrichtig und scheute das offene Wort nicht. Als Wolfgang Schneditz einmal zu ihm nach Sankt Wolfgang kam und sich über eine Kritik von mir beklagte, in der ich ihn durch bloßes Zitieren lächerlich gemacht hatte, tröstete ihn Lernet mit den Worten: ‚Schau, mach dir nix draus, denn eines steht fest: er hat vollkommen recht. Stell dir vor, es wäre ein ungerechter Verriß gwesn, das hätt' dich doch bestimmt mehr geärgert?'

Der Artikel, auf den Schneditz so sauer reagiert hatte, war eine ganze Seite mit Stilproben gewesen, aus denen ich nachgewiesen hatte, daß auch anerkannte Autoren (von anderen zu sprechen, hätte offene Türen eingerannt) dann Stilsünden begehen, wenn sie aus irgendeinem Grund ein schlechtes Gewissen haben. Und Schneditz, *poeta laureatus* im Fürsterzbistum Salzburg, hatte in einer harmlosen, aber etwas schlüpfrigen Szene eben drei Zeitworte nebeneinandergestellt, was sich wie das wortgewordene schlechte Gewissen las. Lernet also hatte meine und nicht nur meine Sympathien, auch in seinem Kampf gegen den Selbstbeweihräucherungs-Champion Hans Habe.

Wir waren damals eben noch eine kleine Clique, und seltsamerweise spielte es keine Rolle, daß Dor und Federmann mit Torberg arbeiteten und sich von Weigel fördern ließen, während ich mich lieber mit dem weit weniger glanzvollen Kreis um Hermann Hakel zusammentat. Ich entsinne mich dennoch langer Spaziergänge am Alt Ausseer See mit Federmann und Michael Kehlmann, langer Nachmittage mit Qualtinger, der eine ähnlich eindrucksvolle Hausbar in der Daringergasse hatte wie ich heute in München-Schwabing. Und die Abende in der Liliengasse, mit den Kabarettprogrammen von Merz, Qualtinger und später Bronner waren wenn schon nicht Ergebnisse gemeinsamer Bemühung, so doch Ausdruck einer uns allen gemeinsamen Stimmung und Einstimmung in das neue Wien — von dem, dessen waren wir sicher, alte Herren, aus der Vorkriegscorona um Brunngraber oder Henz nicht einmal eine ungefähre Vorstellung hatten. Allerdings muß ich zugeben, daß keiner von uns über die schriftstellerischen Mittel verfügte — auch Habeck damals noch nicht — den Neubeginn zutreffend in Erzählung oder Roman zu übersetzen, weswegen die Couplets von Merz und Qualtinger und ihre Dialogszenen mit dem Herrn Travnicek damals als die gültigste Bewältigung der Situation erschienen und uns für Jahre den Mut zu literarischer Konkurrenz nahmen. Eher hofften wir auf Film und Fernsehen, vor allem, weil sich das Genie Michael Kehlmanns schon ankündigte.

Daß die nur zaudernd heimgekehrten Emigranten dabei übergangen wurden, war keine gewollte Ungerechtigkeit. Man entsinnt sich vielleicht der bitteren Bemerkung eines Alfred Polgar nach einem runden Geburtstag, der kaum beachtet worden war: ‚Sehr wohl imstande, die mir zugegangenen Glückwünsche persönlich und einzeln zu beantworten...' Andere hätten vielleicht sich selbst zu Wort gemeldet, hätte Hans Weigel, von dem ja vor 1938 nicht viel zu hören gewesen war, nicht soviel Wind gemacht, was vor allem Martina Wied — wie sie mir gestand — geradezu verstörte: ‚Ich weiß nicht, dieser Weigel, ich habe nie von ihm gehört, und jetzt redet alle Welt von ihm — wegen einer Ohrfeige!'

Die legendäre Ohrfeige von Käthe Dorsch war dank eifriger Mitarbeit der Presse vor allem in Deutschland imstande gewesen, einen Skandalkritiker zum Opfer eines neuen Antisemitismus zu machen, womit er fürderhin unangreifbar war und dies auch weidlich nutzte. Über solchen Querelen vergaßen auch jene, die es besser wußten, die hoffnungsvoll heimgekehrten Erfolgsautoren Otto Soyka, Friedrich Heydenau und Leo Perutz.

Von Soyka kannte ich nur Erzählungen, Kriminalstories, denen stets ein subtiler Einfall zugrundelag, noch ganz in der Art von Poe. Seine legendäre *Traumpeitsche* hatte ich nie gelesen, und er fand, obwohl das Buch trotz einst hoher Auflagen unauffindbar war, keinen neuen Verleger dafür, was ihn geradezu böse machte: Österreich war damit für ihn erledigt.

Friedrich Heydenau (ein wohlklingendes Pseudonym) kam aus der amerikanischen Emigration und tat das Richtige — er ging von sich aus auf die Jungen zu. Ich erinnere mich ganz konkreter Gespräche mit ihm, in denen er mir die Dialogtechnik auseinandersetzte, den Verzicht auf das ewige ‚sagte' oder ‚antwortete' und anderes, was praktische Hilfe bedeutete und natürlich dankbar angenommen wurde. Auch Leo Perutz jammerte nicht; er wirkte älter als Heydenau, aber seine schlanke, hohe Erscheinung flößte Ehrfurcht und Sympathie ein, so daß es mich tief traf, daß seine Zuhörerschaft so unruhig war und schließlich geradezu frech verlangte, er solle lauter sprechen, in beinah drohendem Ton (wenn wir uns das Emigrantengewäsch schon anhören...).

Verlassen von seinen Betreuern, suchte Perutz etwas hilflos seinen Paletot. Ich half ihm in den Ärmel und fragte ihn, ob er schon zu Abend gegessen hätte. Die Lesung war in einem ebenerdigen Saal in Opernnähe vor sich gegangen, wir hatten in den Gösserkeller nicht weit und kamen mühelos ins Gespräch (so wie auch ich es später stets bedauert habe, wenn sich an eine meiner Lesungen nicht noch Gespräche anschlossen). Angesichts der nicht unberechtigten Existenz-Ängste aller Heimgekehrten begann ich, leider ist dies so meine Art, nicht bei den Substanzen seiner Lesung, sondern mit dem Concreten seines Lebens, und er beruhigte mich lächelnd: Er habe eine Versicherungsformel entdeckt oder erfunden, einen Berechnungsmodus für Lebensversicherungen, und ihn gegen eine lebenslange Rente an einen englischen Versicherungskonzern verkauft (die Tatsache erscheint in den Perutz-Kurzbiographien in Formulierungen, die Mißverständnisse zulassen). Dann sprachen wir von Prag, wo mein Vater studiert und an der Sternwarte gearbeitet hatte, und es ergaben sich auch gemeinsame Bekannte wie Leppin. Ich begleitete Perutz dann zu seinem Hotel auf der Wieden, schrieb ihm ein paarmal, aber unser Briefwechsel schlief bald ein. Die Wiederkehr seines Ruhmes zuerst in Fernsehverfilmungen, dann in den Neuauflagen seiner Bücher, hat dieser noble Mann nicht mehr erlebt.

Die schnell Erfolgreichen gingen bald auf Distanz zu uns und setzten sich, ihrer Singularität sicher, von uns ab. Ich entsinne mich eines Abends mit einer damals vielumschwärmten Korrespondentin, die mit Erika Hanel gut befreundet war. Irgendjemand erzählte einen Witz, der so unanständig war, daß die junge Frau, wiewohl sie sicherlich einiges erlebt hatte, ihn nicht verstand.

Der Mann, der ihn ihr durchaus überflüssigerweise erklärte, war Helmut Andics; ich habe es ihm bis heute nicht verziehen, was ihm herzlich wenig ausmachen wird. Johannes Mario Simmel hatte nach einem Sportroman, von dem man munkelte, er sei mehr Übersetzung als Eigenbau, seine ersten Bücher bei Zsolnay veröffentlicht. Nicht jede Szene war sein Eigentum; das, was im Film heute als Zitat salonfähig ist, tauchte da und dort auf, aber die Bücher hatten Schwung, auch der Novellenband, und man konnte sie auch bei einigen Ansprüchen lesen, was mir bei seiner Droemer-Produktion nicht mehr gelingen will. Ich hatte gerade wieder eine Lanze für die mir nahestehende Gruppe Dor-Federmann-Eisenreich-Egger gebrochen, nicht im *Österreichischen Tagebuch*, sondern in einem Blatt aus dem Vorwärtshaus, als ich einen wütenden Brief von Simmel erhielt, den einzigen in meinem ganzen langen Leben. Die Frage, die er mir entgegenschmetterte, lautete: Wo sind denn die Romane von Ihrem Herrn Federmann?

Nun, Simmel war publiziert, die Bücher lagen vor; Fritz Habecks Kriegsbuch *Das Boot kommt nach Mitternacht* war in den engen Grenzen Österreichs ein Bestseller, Federmanns Romane wurden relativ spät wirklich sichtbar, er hatte mit Kriminalromanen beginnen müssen und war erst spät mit größeren Stoffen zum Zug gekommen. Daß er nicht schon in seiner österreichischen Zeit breiteren Erfolg hatte, ist mir bis heute ebenso unverständlich wie die Tatsache, daß Habeck und — solange sie bei Zsolnay blieb — auch Marlen Haushofer den deutschen Lesern unbekannt blieben. Als ich Marlen endlich Wehrenalp andienen konnte und sie bei Claassen in Düsseldorf erschien, änderte sich die Lage sofort vollkommen, nur hat sie von ihren großen Erfolgen in Deutschland nur eine Art Vorgeschmack bekommen, ihres frühen Todes wegen. Weigel zürnte mir sehr wegen dieser Initiative und sprach von Landesverrat, als ob eine Schriftstellerin vom Rang einer Marlen Haushofer einer Siebenmillionen-Republik allein gehören dürfte!

Da Marlen Haushofer 1970 starb, als ich schon zehn Jahre in der Bundesrepublik lebte, liegen diese Fakten außerhalb des zeitlichen Rahmens, den ich mir für diesen Bericht von den Anfängen gesteckt habe. Ich muß sie aber anführen, da mir die Haushofer-Symposien, die Gedenkausstellungen und die Haushofer-Literatur gezeigt haben, daß es über Marlens Wechsel zu Claassen überall nur die eine unsinnige Legende gibt, daß Konzernchef Mohn ihn bewirkt habe. Nichts gegen Mohn, er hat für Eisenreich und andere unendlich viel getan; aber die erfolgreiche Lancierung der Autorin Marlen Haushofer gelang nicht bei einem der Mohn-Verlage, sondern erst, nachdem ich die Econ-Claassen-Gruppe für sie interessiert hatte. Ich hatte 1957 meinen ersten Vertrag mit dem Düsseldorfer Econ-Verlag — dem damals führenden Sachbuchverlag — abgeschlossen; 1959 war das Buch erschienen und ein starker Übersetzungserfolg geworden, und 1961 brachte mich Econ mit einem anderen Titel zum erstenmal in die Bestsellerlisten. Ich hatte also bei diesem Verlag, den der Wiener Erwin Barth von Wehrenalp führte, eine gute Position und nutzte sie, um meine österreichischen Freunde nachzuziehen.

Am 4. 4. 67 bat Wehrenalp, damals schon *spiritus rector* auch von Claassen und Marion von Schröder, Frau Dr. Hilde Claassen um ihr Einverständnis mit meiner Betreuung als Österreich-Scout: „Schreiber kennt die gesamte österreichische Schriftstellergarde persönlich, ist selbst Österreicher und ich glaube von den mir nahestehenden Menschen der für eine solche Aufgabe am besten prädestinierte."

Es bedurfte dennoch mehrerer Reisen nach Wien und eines Brandbriefes vom 28. 2. 68, in dem ich mich auf Vasovec, Friedl Hofbauer und Marlen Haushofer konzentrierte, ehe die ersten Verträge geschlossen werden konnten. Sehr günstig wirkte sich dann auch noch aus, daß Wehrenalp den Roman *Die Wand* in einer gebundenen, aber billigen Ausgabe lancierte, was dadurch ermöglicht wurde, daß Marlen auf einen Teil des Honorars und ich auf meine Vermittlungsprovision verzichtete.

Ich habe von der Econ-Claassen-Gruppe aufgrund eines Briefwechsels, den ich im Deutschen Literaturarchiv in Marbach am Neckar hinterlegt habe, zwanzig Jahre lang, bis zum Verkauf von Claassen, alljährlich jene 1% Provision bezogen, die Erwin Barth von Wehrenalp mir für die erfolgreiche Vermittlung österreichischer Autoren ausgesetzt hatte. Das ist ein eindeutiger Beleg, denn kein Unternehmer bezahlt Provisionen für Aktionen, die zu nichts geführt haben. Damals kamen Friedl Hofbauer mit ihrem hervorragenden Roman über Ferdinand Raimund und Ernst Vasovec in der gleichen Verlagsgruppe heraus, ohne freilich Erfolge wie die Haushofer zu erzielen.

Es war Marlen Haushofer selbst gewesen, die den letzten Anstoß zu einem an sich gewagten Übergang gegeben hatte, denn Zsolnay war schließlich der Sehnsuchtsverlag aller österreichischen Autoren, und was er herausbrachte, konnte in Wien der Beachtung sicher sein. Nur das breite Echo fehlte. Bei einem Zusammentreffen mit den Haushofers in Steyr sagte die schon kranke Marlen meiner zweiten Frau, sie könne ihre Manuskripte genau so gut in den Papierkorb werfen, es gerate nichts in Bewegung. Bewegung gab es dann durch Claassen und einige glückliche Umstände tatsächlich genug, nur eben zu spät. Während ich an die vielen Begegnungen mit Marlen in ihrer Wohnung in Steyr gerne zurückdenke, sind die Tage eines letzten Treffens am Gardasee eine schmerzliche Erinnerung. Ich kannte das kleine, alte Malcesine gut, weil eine vermögende Tante dort gleich zwei Villen auf einem Seegrundstück besaß, wo wir oft zu Gast waren und wo ich zum Beispiel meinen Roman *Sturz in die Nacht* geschrieben hatte. Der See, seine wechselnden Farben, die Landschaft unter dem Monte Baldo, dies alles war mir so vertraut, daß die Begegnung mit Marlen gerade dort für mich eine unerwartete, beinahe intime Annäherung bedeutete. Dazu kam, daß Haushofers am Val die Sogno logierten, einer Bucht von elegischer Schönheit. Marlen war, von der Krankheit gezeichnet, auf eine neue Weise schön, das Gesicht etwas voller, der Blick sehr sanft in einer Resignation, die sie uns zuliebe kaschierte. In allen Gesprächen schwang der ganze grausame Abschied, der in gewissem Sinn auch ein Abschied von Malcesine war, das sich seither sehr verändert haben soll. Wir haben den Ort nie wiedergesehen.

Hatte man nicht das Glück, den Paul Zsolnay Verlag für ein Manuskript zu interessieren, dann war der Weg zur Publikation oder gar zum Erfolg im damaligen Österreich ziemlich dornig. Der zweite Belletristikverlag hieß Paul Neff, gehörte dem Berliner Pfenningstorff und hatte bewiesen, daß man die ganze Nazizeit ohne nennenswerte Zugeständnisse durchstehen konnte. Das sehr anständige Verleger-Ehepaar hatte aber keinerlei Kontakt zur jungen österreichischen Literatur und setzte auf die klassische Belletristik internationaler Prägung wie die großen Familien- und Generationsromane der Elisabeth Barbier oder der Taylor Caldwell, wozu ältere Erfolgsautoren wie Mika Waltari und — man glaubt es heute kaum — Reinhold Conrad Muschler kamen.

Als ich ohne jeden Verlagskontakt, also im stillen Kämmerlein, meinen ersten Roman vollendet hatte, vertraute ich mich darum dem führenden Kritiker jener Jahre an, nämlich Oskar Maurus Fontana, einst selbst erfolgreicher Schriftsteller und als graue Eminenz im Nachkriegsösterreich praktisch allmächtig. Ich hatte unter dem Arbeitstitel *Das Schloß im Cher* über Chenonceau geschrieben, das ich damals noch gar nicht kannte, und eine erfundene Handlung aus dem sechzehnten Jahrhundert herumgruppiert. An sich hatte ich mir von Fontana nur Beratung erwartet: Erstens konnte er ja an diesem Anfängerwerk allerlei auszusetzen haben, und zweitens wußte er bestimmt, wo es eventuell Publikations-Chancen hätte.

Das völlig Unerwartete, ja Verblüffende geschah: Fontana empfing mich in seiner geräumigen Wohnung im Gußhausviertel hinter der Karlskirche, stellte fest, daß ich die verschiedenen Milieus — Dorf Chenonceaux und Schloß Chenonceau — gut charakterisiert und in zwei Handlungen miteinander verschlungen hätte und sagte zu, das Buch in der Auswahlreihe der Österreichischen Buchgemeinschaft herauszubringen, deren Cheflektor er war. Darüber entstand dann auch eine gewisse Korrespondenz, und es traf mich darum wie ein Hammerschlag, als Fontana mir Monate darauf in dürren Worten mitteilte, aus dem allen könne doch nichts werden, ich möge mir einen anderen Verlag suchen.

Was nachher kam, muß die Enttäuschung dieser Tage überdeckt haben, aber ich war sicherlich sehr deprimiert, denn es gab ja, wie gesagt, kaum nennenswerte Chancen für Literatur-Debütanten an der Donau. Dann kam aber eine gewisse Wut auf, ich spannte mir ein Briefblatt ein und legte los (Jacky

Rosner vom Globus hatte immer gesagt: Genosse Schreiber, Ihre eigentlichen Kunstwerke sind nicht Ihre Artikel, sondern die Briefe, mit denen Sie sie begleiten).

Es kam zu einem weiteren Gespräch im Gußhausviertel, es war kurz und wurde mit levantinischer Härte geführt: ‚Sollten Sie versuchen, mir Schwierigkeiten zu machen, so sorge ich dafür, daß in ganz Österreich kein Mensch mehr ein Stück Brot von Ihnen nimmt!'

Den Satz werde ich nie vergessen, und er charakterisiert die Verhältnisse in Wien aufs allerbeste, Verhältnisse, die mich schließlich aus Österreich wegtrieben. Nur war ich eben viel zu wütend auf diesen selbstherrlichen Literaturbonzen, um nachzugeben und klagte.

Wir Absolventen der Bundeserziehungsanstalt haben bis heute einen Verein namens *Alt-Turm*, der einst mit seiner Feldhandball-Mannschaft sportlich eine große Rolle in Österreich gespielt hatte. Wir Alttürmer hielten also zusammen, und mein um einiges älterer Wiener Neustädter Schulkollege Dr. Houska gewann mir alle Prozesse, die er für mich führte, ob es um Wohnungs-, Presse- oder Verlagsangelegenheiten ging.

In erster Instanz verloren wir. Der für die Veröffentlichung des Romans in der Korrespondenz genannte Termin war noch nicht da, und die — in Verlagsdingen bis heute verblüffend ahnungslose — Justiz nahm an, so ein Buch könne dann ohne gesetzt und gedruckt zu werden wie eine reife Pflaume vom Himmel fallen. In zweiter Instanz — der

Publikationstermin war inzwischen gekommen — gewannen wir, und nun griff die Gegenseite zum letzten Mittel: Ich sei zwar nicht Mitglied der KPÖ, stehe aber im Geruch linker Sympathien und sei den Lesern der Österreichischen Buchgemeinschaft nicht zuzumuten.

Selbst wenn ich Kommunist gewesen wäre, war diese Argumentation ein starkes Stück: Die KPÖ war erlaubt, ihre Abgeordneten saßen im Parlament, ihre Zeitungen erschienen unbeanstandet. Andererseits wußte ich inzwischen, daß Fontana einen Produktionsplatz für einen Roman von Rudolf Henz hatte freimachen müssen, und da es allmonatlich immer nur einen Roman gab, war eben der schwächste Mitbewerber, ein Junger, der Fontana keine Vorteile bringen, ihn nicht wie Henz beim Rundfunk beschäftigen konnte, hinausgeflogen. Ich wandte mich an das Globus-Archiv, Stichwort Fontana. Die Ausbeute verleitete Dr. Houska und mich zu Indianertänzen: Der feiste Fontana prangte händchenhaltend zwischen ebenso feisten Sowjetgenerälen, toastete in Wodkarunden und hatte eifrig nicht etwa im *Österreichischen Tagebuch* geschrieben, sondern in der Zeitung der Roten Armee.

Vor der Verhandlung in letzter Instanz zeigten wir die Bilder, durch Houskas Athletenfigur gegen andere Blicke abgeschirmt, dem Gegenanwalt und sagten ihm, wenn der Cheflektor sich derart ins Glashaus gesetzt habe, dann solle er doch besser nicht mit Steinen auf unbescholtene Autoren werfen. Der Herr wurde blaß, stürzte ans Telefon und die als Vergleich getarnte Unterwerfung bescherte mir alles, was ich gewollt hatte. Der Titel wurde in *Ein Schloß in der Touraine* geändert, und die hübschen grauen Leinenbände der Buchgemeinschaftsausgabe erinnern mich heute noch an diesen Sieg.

Daß ich damals noch ein großes Kämpferherz und sehr viel Selbstvertrauen hatte, geht für mich aus der Tatsache hervor, daß ich neben dem harten Kampf gegen Oskar Maurus Fontana und trotz der Enttäuschung über die Moral der Alten inzwischen zwei weitere Romane geschrieben hatte, so daß jener Erstling nun, da er erschien, schon mein dritter Roman war, was die Optik in einer eigentlich nicht wünschenswerten Weise verzerrte.

Mein zweiter Roman trug den Titel *Die Glut im Rücken*, unfreiwillig-komisch, seltsamerweise aber so zäh, daß auch der Verlag keinen meiner anderen Vorschläge diesen vier Worten, die auf den zurückliegenden Krieg anspielten, vorzuziehen wagte. Der Roman entstand aus einem Preisausschreiben, und diese Mechanismen, in denen mit einiger Verspätung nun die Roten ihre Büchergilde gegen die Österreichische Buchgemeinschaft in Szene setzten, sind der Grund, die Vorgänge zu rekapitulieren.

Vor dem Krieg hatten die großen Buchclubs, also Mitgliederverbände, die zum Bezug von meist vier Büchern im Jahr verpflichteten, eine ungleich größere Bedeutung als ihre Nachfolgefirmen sie besitzen, da heute der graue Buchmarkt in den Warenhäusern und im Modernen Antiquariat ihre

Preise unterläuft. Es war erstaunlich, wie lange die autoritären Regierungen in Deutschland und in Österreich diese autonomen Clubs gewähren ließen. Ich konnte, als Hitler schon längst an der Macht war, aus der Auswahlreihe der Deutschen Buchgemeinschaft Titel beziehen, die aus den Sortimentsbuchhandlungen inzwischen verschwunden oder praktisch nicht mehr aufzutreiben waren. Noch 1936 erhielt ich auf diese Weise den Erstlingsroman *Schau heimwärts, Engel!* von Thomas Wolfe, ohne nähere Kenntnis von Buch oder Autor auf die Leseprobe hin bestellt. Wenn je eine Übertragung das Prädikat kongenial verdiente, dann war es die deutsche Fassung dieses hymnischen und stellenweise pathetischen Romans durch den Lyriker Hans Schiebelhuth, und die Wirkungen auf mich, einen Sechzehnjährigen, waren denn auch entsprechend.

Auf der anderen Seite ließ Schuschnigg-Österreich unzensiert alles ins Land, was bei der inzwischen gleichgeschalteten deutschen Büchergilde erschien: Die ersten Rassenkunde-Bücher von Ludwig Ferdinand Clauß ebenso wie Blutundboden-Umdeutungen der deutschen Geschichte oder gar *Vom Kaiserhof zur Reichskanzlei*, den zynischen Kampfbericht von Joseph Goebbels.

Damit verglichen, führten die österreichischen Nachkriegs-Buchgemeinschaften ein Schattendasein, was für Fontanas Organisation begreiflich ist, weil sie eine relativ schmale finanzielle Basis hatte. Die Büchergilde Gutenberg aber hatte den ganzen Österreichischen Gewerkschaftsbund hinter sich, und der Mann, der sie unter Hinweis auf diese verpflichtende Tatsache nach und nach zu gewissen Aktionen ermunterte, hieß Karl Ziak, ein Name, der sich in der alpinistischen Literatur wohl noch eine Weile halten wird.

Da er Bergsteiger war und somit zu einer Menschengruppe gehört, die sich mit Klaviervirtuosen und Kavallerieoffizieren den Ruf besonderer Langlebigkeit teilt, könnte es sein, daß er diese Zeilen noch einmal lesen wird; ich wünsche es ihm. Er hat in den Grenzen seiner Möglichkeiten für mich getan, was er konnte, obwohl er auch in der Öffentlichkeit stets die Überzeugung vertrat, der unfreieste Mensch sei der Freie Schriftsteller, was ich mit seiner Hilfe zu widerlegen unternahm.

Die Initiative, die er als Cheflektor der hinter ihm stehenden, geistig unendlich trägen Funktionärsclique abgerungen hatte, war ein Preisausschreiben mit einem Ersten Preis von ganzen 3000 Schilling, einem zweiten mit 1500, den dritten weiß ich nicht mehr, der bewegte sich vermutlich in der Höhe eines guten Mittagessens. Verlangt war ein Zeitroman mit Kolorit und womöglich Spannung, und ich war fest entschlossen, die Chance zu nutzen. Ich habe zeit meines Lebens alles Theoretische und somit die literarische Essayistik auf Distanz gehalten; mir ging nach soviel klugem Geschreibsel immer ein ganzes Mühlenrad im Kopf herum, während mich die *Faits divers*, die nackte Nachricht, stets animierte und meine Phantasie in Bewegung setzte. Vor der Arbeit an dieser Roman-Einsendung aber hatte ich mich theoretisch vorbereitet und das heute vergessene, aber konkret-zupackende und instruktive Buch *L'âge du Roman americain* von Claude-Edmonde Magny gelesen. Die leider sehr früh verstorbene Verfasserin studiert darin unter anderem die Technik der amerikanischen Erzähler, ich habe sie in einem Aufsatz im *Plan* den Roman des Nebeneinander genannt. Selbst gelesen hatte ich mit großem Gewinn vor allem Dos Passos, und so ging ich denn an das ohnedies recht bunte Spektrum der Nachkriegszeit in Wien und begrenzte alle Geschehnisse, gleichgültig, auf welcher Ebene sie sich vollzogen, auf die 48 Stunden der Handlung. Ernst Jirgal gefiel das Buch besser als mein historischer Roman, Federmann sagte in seiner trockenen Art: ‚So gut wie der Roman vom Wurschti Fritsch is dein Biachl aa', und ich reichte — wie befohlen — anonym ein. Da auch Federmann eingereicht hatte, vielleicht den 1988 aus dem Nachlaß veröffentlichten Roman *Chronik einer Nacht*, hatte ich eine doppelte Aufgabe: Ich mußte dank meiner Bekanntschaft mit Ziak für Federmann einen Preis erreichen, wollte selbst aber auch nicht leer ausgehen.

Daß dies alles nach Wunsch gelang, ist vermutlich einem Zufall zu verdanken. Die Büchergilde veranstaltete, vielleicht im Zusammenhang mit einem Jubiläum, einen Gemeinschaftsausflug. Freunde und Autoren konnten Begleitung mitbringen, wurden in einen Autobus gesetzt und in jene angenehmen Gegenden rund um Wien gefahren, wo man inzwischen schon wieder recht gut essen und trinken konnte. Meine Begleitung war — wie sollte es anders sein — eine meiner Redaktricen, ein aus der

Tschechei herangeflohenes Mädchen namens Edda Jordan. Ihr Verlobter war jenseits des Eisernen Vorhangs zurückgeblieben, aber sie studierte Terrainkarten und Grüne Grenzen, um ihn bei erster Gelegenheit nachzuholen.

Dieses Mädchen hatte ich für die trauliche Enge im Jubiläums-Bus der Büchergilde ausersehen, und es wurde tatsächlich ein Tag, an den ich mich sehr gern erinnere. Das Wetter war prächtig, wir wanderten und saßen, aßen und tranken alles auf Kosten des Gewerkschaftsbundes, und Edda Jordan mit ihren Drôlerien, mit dem Charme eines Naturkindes aus den inzwischen unzugänglich gewordenen böhmischen Wäldern amüsierte Ziak mehr, als er es in seiner Rolle als Leiter der Veranstaltung zeigen wollte oder durfte. Er hielt sich meist in unserer Nähe auf, erzählte, wie in seiner Familie eines Tages der bekümmerte Tapezierer Hakel aufgetaucht sei und sein Leid geklagt habe: Was sein Hermann sei, der Bub, der wolle nicht Tapezierer werden, sondern schleppe immerzu Manuskriptbündel mit Gedichten von einem Kaffeehaus zum andern — Rückblick auf ein fernes Wien, in dem es erstens noch Juden gab und zweitens, in dem sie gelegentlich Tapezierer waren, nicht nur Anwälte, Ärzte und Literaten.

Als wir uns warm geredet hatten, ging es in vorsichtigem Ritornell um den heißen Brei, das Preisausschreiben. Es zeigte sich, daß eine Sekretärin Ziaks das Druckbuchstaben-G erkannt hatte, wie ich es immer schrieb, womit das verordnete Inkognito ohne mein Zutun geplatzt war. Federmanns Roman kannte Ziak aus vorveröffentlichten Teilen, und so war der Handel bald geschlossen:

„Ich muß Ihnen sagen", brummte er, „es hat keine Überraschungen gegeben. Wir machen es bestimmt nicht wieder auf diese offene Tour, aus dem Niemandsland ist überhaupt nichts Brauchbares gekommen ... Der erste Preis war eh weg, der geht an einen Hausautor, übrigens ein ganz guter Roman, für den zweiten Preis habe ich schon ohne Ihre Fürsprache an Federmann gedacht ... Ihren Roman können wir aber nicht mit einem Preis bedenken, Schreiber!"

Er weidete sich nur einen Augenblick an meiner Enttäuschung. „Aber wir werden ihn ankaufen und veröffentlichen, wenn sich um das Preisausschreiben herum alles beruhigt hat. Denn Sie haben ja praktisch einen Schlüsselroman geschrieben, ich habe mühelos den armen Felmayer erkannt und den Milo Dor. Die ganze Rundfunksatire kann man nicht preiskrönen, und die Besatzungsszenerie ist uns auch zu heikel. Er kommt, weil er eigentlich genau das ist, was wir haben wollten, das aktuelle Wien, kaleidoskopisch. Aber viel Gesumse können wir nicht machen ... Schon wegen der erotischen Szenen. Arbeiter sind prüde, müssen Sie wissen!"

Nun, ich war's zufrieden. Da ich ja mein Monatsgehalt hatte und die Übersetzungen für Frau von Rohrer, hatte ich keine Geldsorgen, und Federmann bekam mit dem Zweiten Preis das Kuvert, für ihn freilich nur ein Tropfen auf einem heißen Stein. Mein Roman erschien zunächst in einer Buchhandelsausgabe für den Wiener Volksbuchverlag, dann in der Büchergilde Gutenberg, und dann kam — an sich schon eine Sensation — ein Anruf aus Ostberlin. Ich stand an dem Wandtelephon in der Wohnung am Wiedner Gürtel und verstand vor Aufregung nur die Hälfte. Die Tageszeitung der Liberaldemokraten, einer Blockpartei, wollte den Roman fortsetzungsweise abdrucken und bot dafür, wie sich mein Gesprächspartner ausdrückte, ‚2400 DM der deutschen Notenbank'.

Das Zauberwort D-Mark versetzte mich zunächst in einen gelinden Taumel; er währte glaube ich ein paar Wochen, bis ich begriff, daß ‚DM der deutschen Notenbank' die offizielle DDR-Ausdrucksweise für die Ostmark war. Da man wegen solch eines Betrages keine Einkaufsreise machen konnte, war die Enttäuschung so lange groß, bis sich zu dem Vorabdruck eine Hardcover- und eine Taschenbuchausgabe im Verlag der Nation in der Friedrichsstraße gesellten. Der Wiener Volksbuchverlag, der kein Kommunistengeld wollte (auch wenn es von den Liberaldemokraten kam) beließ mir die ganze Tantieme, und nun gab es in Ostberlin tatsächlich ein Konto, das auf mich wartete und das — dank der Fürsorge meines Freundes Fritz Weiske aus dem Lazarett in Kiew — schnell anwuchs; er war, obwohl er in Thüringen wohnte, wo seine Frau Ärztin war, Lektor beim VdN geworden und hatte von dort aus meine Publikationen aufmerksam verfolgt.

Die finanziellen Zubußen aus dem Nordosten ließen mich eine Katastrophe überstehen, die ich in typisch jugendlichem Unverstand und in meinem unheilbaren Optimismus gegen so manchen Ratschlag herbeigezwungen hatte: meinen dritten Roman, der noch gar nicht erschienen war, als ich schon seinetwegen in hohem Bogen aus meiner Chefredakteurs-Position flog.

Meine Kurznachrichten-Suche im *Service d'Information* konfrontierte mich täglich mit der gesamten französischen Tagespresse. So konnte mir der seltsame, von Pressezeichnern instruktiv dargestellte Doppel-Absturz nicht entgehen, von dem die *Air France*, Frankreichs Stolz, betroffen worden war. Ja eigentlich war es eine Triplizität düsterer Ereignisse, denn zuvor schon war eine Maschine, in der die berühmte Geigerin Ginette Neveu und Frankreichs Nationalheros, der Boxer Marcel Cerdan saßen, bei den Azoren ins Meer gestürzt, wobei es keine Überlebenden gegeben hatte. Das war am 28. 10. 1949 gewesen; ein Wiener Blatt hatte in seinem Nachruf sehr indezente Vermutungen über masculine Elemente in Persönlichkeit und Violinspiel der berühmten Toten geäußert, und mir war es in einer Blitzumfrage gelungen, auch Leute, die selten oder gar nicht schreiben, zu einer entrüsteten Stellungnahme gegen diese Geschmacklosigkeit zu bewegen. Das hatte meinem *Geistigen Frankreich* ein paar Gutpunkte eingebracht, der Flugzeugabsturz aber hatte dadurch mehr Publicity gehabt, als es der Air France lieb sein konnte.

Ein paar Monate nach diesem Ereignis fand ich die Meldungen über den Absturz einer DC 4 der Air France beim Anflug auf die Bahreins, wo damals die Strecke Saigon—Paris durch eine Zwischenlandung unterbrochen wurde, ein Absturz wegen ungenauer Anzeige eines Höhenmessers, dem gleich darauf der Absturz der nächsten Maschine gleichen Typs aus dem gleichen Grund folgte. Ich hatte alles, was ich liebte, was ich, nach den Lektionen aus dem Buch *L'âge du Roman americain* an einem Roman-Stoff schätzen mußte: Die Komprimierung der Ereignisse auf einen kurzen Zeitraum, die Einheit des Ortes, die knallige und doch rätselhafte Duplizität der Ereignisse, wobei das eine eröffnete und das andere beschloß. In Rück- und Hinaus-Blenden konnte ich das französische Saigon zeigen, jene einzigartige Kolonialstadt, wo französische Kultur, asiatische Lebenskunst und befreiende Exotik eine Stimmung geschaffen hatten, wie kaum anderswo auf der Welt. Allenfalls ließe sich, mit Abwandlungen, New Orleans damit vergleichen. Es bedurfte einer Schriftstellerin vom Rang der Marguerite Duras, um das hinabgegangene Saigon zumindest literarisch am Leben zu erhalten.

Ich schrieb an dem tollen Stoff, gruppiert um eine Hôtesse de l'Air, in wenigen Sommerwochen am Gardasee meinen dritten Roman, den ersten, der wirklich Erfolg hatte.

Das Manuskript mit dem Titel *Sturz in die Nacht* wurde von der damals führenden Wiener Illustrierten, einem ÖVP-Blatt, zum Vorabdruck angenommen, ohne jede Diskussion, ohne Änderung, mit überdeutlichen Illustrationen, die jedem Flugpassagier eisigen Schrecken einflößen mußten. Schon nach der zweiten der wöchentlich erscheinenden Fortsetzungen wurde ich ins Chefbüro bestellt, wo zwei schlanke Franzosen sich zwar bei meinem Eintreten erhoben, dann aber gleich erklärten: ‚*Nous ne sommes pas là pour vous faire des compliments...!*' — es handle sich keinesfalls um einen Höflichkeitsbesuch.

Indochina war die Achillesferse Frankreichs, die spektakulären Abstürze hatten teuerste Werbecampagnen der *Air France* zunichte gemacht, und da kam nun einer, der das Brot der Franzosen aß, der dieser im letzten Augenblick mit Nachsicht aller Taxen doch irgendwie noch siegreich gebliebenen Republik die Hände hätte küssen sollen — und griff die Indochinapolitik an, legte den Finger in offene Wunden.

Ich rannte, den Tod im Herzen, zur *Großen Österreich-Illustrierten*, erzählte alles und fragte, ob man die Veröffentlichung abbrechen könne.

„Sicher", antwortete der Chefredakteur, ein ordentlicher Mann bis auf die Tatsache, daß er Hans Habe für einen großen Schriftsteller hielt, „wir sind bereit, die Offsetformen wieder einzuschmelzen, wenn Sie uns das zahlen..."

„Und... und was würde mich das kosten...?"

Die Antwort war ein mitleidiges Lächeln. Eine Form kostete damals 8000 Schilling, ich wäre ruiniert gewesen, unter österreichischen Einkommensmöglichkeiten auf praktisch unabsehbare Zeit. Also nahm das Unglück seinen Lauf, und noch nervöser als ich waren nur die Franzosen, die ja wußten, daß ich so allerlei mitgekriegt hatte in jahrelanger Tätigkeit im *Service d'Information* und die sich von jeder Fortsetzung neue, peinlichere Enthüllungen über die sogenannte *Affaire des Piastres* erwarteten, eine gigantische Schleichhandels- und Geldschiebe-Aktion, die den Sabotage-Abstürzen vielleicht zugrundelag.

Schließlich wurde ich zum Gottsöbersten gerufen, einem Marquis, darunter taten die Franzosen es damals höchstens, wenn wie in Monsieur Rajevsky ein präsentabler Comte zur Verfügung stand. Den Marquis de Gallifet sah ich bei dieser Gelegenheit zum ersten, und wie sich denken läßt, zum letzten Mal. Wie der Namensvetter jenes Ungeheuers von Nantes, der die schöne Kyra nach Paris entführt hatte, durfte auch Gallifet annehmen, daß ich von seiner Familie mehr wußte als der Rest der Wiener. Es war ein Gallifet gewesen, der sich nach miesen Intrigen dem Degen des Vicomte de Mirabeau durch Flucht entzogen, also vor einem Duell gekniffen hatte. Und wie sich hundert Jahre später, bei der Niederschlagung der Pariser Kommune, ein anderer Gallifet betragen hatte, das steht in einem Buch, das ich sehr gerne geschrieben hätte, es wäre mir nur bestimmt nicht so gelungen wie Johannes Willms: ‚... diejenigen schließlich, die den Schlachtbänken inmitten der Stadt entgangen waren und die man in großen Kolonnen als Gefangene nach Versailles führte, erwartete an der Porte de la Muette der Kavalleriegeneral der ehemals kaiserlichen Armee, der Marquis de Gallifet, ein Mann, der seine militärische Karriere weniger seinen eigenen Talenten als denen seiner Frau verdankte. In der Figur jenes Marquis de Gallifet ... ist die ganze feige Brutalität der Sieger personifiziert' (Paris, Hauptstadt Europas, p. 440).

Nun, der mir gegenübersitzende großgesichtige Herr war ein Sieger, aber er blieb bei aller Brutalität so höflich wie sein Vorfahr, der einer Frau, die auf den Knien liegend um ihr Leben bat, antwortete: ‚Madame, sparen Sie sich die Mühe, ich habe alle Pariser Theater besucht.' Der für mich zuständige Marquis eröffnete mir, die ganze Affaire habe in Wien zuviel Aufsehen erregt, ich sei untragbar geworden. Ich bat ihn, einen konkreten Kündigungsgrund zu nennen. Er verwies auf den Kollektivvertrag für Journalisten, der ihnen das Schreiben außer Haus verbiete. Wir hatten aber keinen Journalisten-Kollektivvertrag, sondern jenen der Angestellten der Privatwirtschaft, die ja nur ausnahmsweise schreiben, und so kam unsere Belegschaftsvertretung noch ein wenig zum Zuge, konnte meine Dienstzeit um einen Monat verlängern, womit ich abfertigungsberechtigt war, und ich stand auf der Straße — eben jener Abfertigung von drei Gehältern wegen zunächst ohne Arbeitslosenunterstützung.

Arbeitslos zu sein, war damals eine harte Sache. Man mußte zweimal in der Woche bei jedem Wetter um sechs Uhr aufstehen, einmal zum sogenannten Stempeln als Beweis, daß man in Wien sei und ohne andere Beschäftigung, das zweitemal zum Empfang des sehr kleinen Unterstützungs-Betrages.

In der schlimmen Zeit der Wirtschaftskrise, den Jahren 1930—32, war ich ein Kind gewesen, ich hatte die vielen Bettler gesehen, aber herzlich wenig begriffen. Dann fielen mir, wenn ich aus unserem Fenster in der Wiener Neustädter Pöckgasse hinunterblickte, die Maschinengewehre auf, die Bundesheer oder auch Starhembergs Privatarmee an den Straßenecken aufgestellt hatten. Nun aber war ich selber in das sehr ernsthafte Spiel einbezogen.

Der sogenannte Gürtel, die wie ein Ring um die Bezirke zwei bis neun herumgeführte mehrspurige Straße mit Tramway- oder Stadtbahntrassen, ist an sich keine Nobelgegend. In den frühen Morgenstunden, mit all den wartenden Jammergestalten, verwandelte sie sich in einen feuchtkalten Albtraum. Den Männern, die eben ihr Geld bekommen hatten, wurden zerlesene Groschenhefte angeboten, in manchen Winkeln wurde um Geld gespielt. Ich schlug den Mantelkragen hoch und trabte heimzu.

Das Indochina-Buch war erschienen, bei einem Innsbrucker Verlag von sehr gutem Ruf; sein Inhaber Dr. Karl von Cornides hatte einen ausgezeichneten Namen im österreichischen und deutschen Verlagsgeschäft. Die kleinste aller Buchgemeinschaften, die des Globus-Verlags, nahm eine Lizenz, der Verlag der Nation brachte nach und nach, behindert von den dortigen Papierschwierigkeiten, eine gebundene und dann, ganz in schwarzem Karton, eine Taschenbuchausgabe, die beide Erfolg hatten, aber nicht soviel wie die französische Übersetzung bei André Bonne. All das aber vermochte — und dies war mir eine bittere Lehre — ein regelmäßiges Redakteursgehalt nicht zu ersetzen, vor allem, da es sehr schwer hielt, Madame Bonne Geld zu entreißen oder einen Ostmark-Transfer nach Wien zu bewerkstelligen. Um von den aufeinanderfolgenden französischen Auflagen etwas zu haben, hätte ich nach Paris fahren müssen, war zur Buchpremiere auch eingeladen, bekam aber kein Visum. Auch dafür hatte Gallifet gesorgt, und manchmal glaube ich, er sorgt in dieser Weise bis heute für mich.

Literatur-Agent

Da meine Simenon-Übersetzungen in vielen Zeitungen liefen, wovon freilich der Übersetzer nichts mehr hatte, war die eine oder andere Presse-Agentur auf mich aufmerksam geworden, und die Genfer Cosmopress, die Simenon in der Schweiz und in Deutschland anbot, trat mit mir in Verbindung. Es ging zunächst um unberechtigte Simenon-Nachdrukke, meist kurze Kriminalgeschichten, die da und dort auftauchten, im Vertrauen darauf, daß es ohnedies niemand bemerken würde und daß eine zivilrechtliche Verfolgung dieser Raubdrucke über die Grenzen hinweg kaum möglich sei. Haupt-Übeltäterin war die geschickte Mady Qualtinger, woraus sich für mich die unangenehme Aufgabe ergab, eine Bekannte zur Rede zu stellen.

Ehe ich mich's versah, vertrat ich Cosmopress für Österreich, denn die Agentur besaß auch die Rechte für alle in einem Syndikat zusammengeschlossenen Humorzeichner; für deren gezeichnete Witze, in der Fachsprache Cartoons, hatte man bis 1945 überhaupt nach keiner Richtung bezahlt, soferne die Vorlagen aus dem Ausland kamen. Die französischen Zeichner, von dem feinsinnig-humorvollen Jean Effel bis zur obsessiven Erotik eines Georges Pichard, verzeichneten nach der Austerity der NS-Zeit einen ausgesprochenen Boom, und die alten Wiener Pressehasen waren sehr ungehalten, daß sie plötzlich etwas honorieren sollten, was man jahrzehntelang, einem Gewohnheits-Unrecht folgend, gestohlen hatte.

Dank meiner Doppel-Eigenschaft als leitender Mitarbeiter im französischen Informationsdienst und als Vertreter des Rechtsträgers in Genf hatte ich nach und nach dennoch Erfolg und konnte die betroffenen Wochenzeitungen zum Abschluß von Abonnements bewegen. Diese hatten den Vorteil, daß nun Maggy Runzler und ich gleich übersetzte Cartoons anboten, die Chefredakteure also, auch wenn sie des Französischen nicht kundig waren, ihre Auswahl selbst treffen konnten.

Chef und Inhaber der Cosmopress war Dr. Rudolf Hassberger, ein Emigrant aus Fürth, weit über die Erfordernisse seiner Agentur hinaus gebildet und an meiner Gesamtexistenz interessiert. Obwohl er einen geschäftlich sehr begabten Sohn hatte, versicherte er mir später, als ich die Cosmopress aufgab und nach Deutschland ging, ich sei für ihn eine Art Kronprinz gewesen und hätte in der Agentur noch eine große Zukunft gehabt. Zunächst aber war die Genfer Agentur eine Art Strohhalm für mich.

Ich hatte Hassberger das Manuskript des Indochina-Romans nach Genf geschickt und bekam eine denkwürdige Antwort, die ich partienweise noch heute, vierzig Jahre später, auswendig weiß. ‚Sagen Sie mir bitte aufrichtig, ob Sie diesen Roman selbst geschrieben haben oder nur (sehr gut) aus dem Französischen übersetzt?' war die erste Frage, begreiflich, Doktor Hassberger kannte meine früheren Romane nicht, sie waren nämlich noch gar nicht erschienen, und in meine deutsche Prosa hatte sich, angesichts von acht Stunden Zweisprachendienst pro Tag, so mancher Gallicismus eingeschlichen, der ihn argwöhnisch gemacht hatte. ‚Und sind Sie sich klar darüber, daß die Veröffentlichung dieses Romans Ihnen mit Sicherheit Schwierigkeiten bereiten wird, ja Sie Ihre Gesamtposition kosten kann?' — Das war die zweite Frage, und sie war nur allzu berechtigt. Andererseits hatte Hassberger als erfolgsgewohnter Professional die Möglichkeiten erkannt, die in dem Manuskript schlummerten. Er brachte es, nach dem Vorabdruck in der Wiener Illustrierten, in der *Münchner Abendzeitung* unter, wo es ein so großer Erfolg war, daß die Zeitungsverkäufer die einzelnen Fortsetzungen ausriefen, und danach noch in fünf weiteren Blättern, auch in elsässischen Zeitungen. Und er war keineswegs unglücklich, als ich mit dem Beginn des Jahres 1952 voll für die Cosmopress arbeiten mußte, um mich über Wasser zu halten.

Ich weiß nicht, ob es heute in Österreich Tätigkeiten gibt, für die man keine Konzession braucht; damals jedenfalls mußte ich mich dem flächendeckenden Interesse der Wirtschaftsbünde ein- und unterordnen und eine Konzession als Literarischer Agent beantragen, woran das Schwierigste war, einem Funktionär einer der beiden Großparteien zu erklären, um welche Art Tätigkeit es sich handle. Um nicht ungerecht zu sein, gebe ich zu, daß dies alles sehr neu war. Internationales Urheberrecht hatte bis 1938 in Österreich nur jene paar Autoren beschäftigt, die für das Ausland interessant waren, also Werfel, Zweig und noch ein paar Zsolnay-Koryphäen, die nun nach und nach via S. Fischer wieder nach Österreich einsickerten, aber wenig gelesen wurden. Und die damals bekanntesten heimischen

Autoren, Heinrich Waggerl etwa oder gar Enrica von Handel-Mazzetti mit ihrer archaisierenden Romanprosa, die waren für das fremdsprachige Ausland völlig uninteressant.

Der gewichtige Herr, der mir bei dem Konzessionsgespräch schließlich als oberste Instanz gegenübersaß, ist vor ein oder zwei Jahren verstorben; er war ein guter Kopf, begriff sofort, stellte mir die erste Konzession für eine Literarische Agentur aus, die es an der Donau jemals gegeben hatte, und gab mir die tröstlichen Worte mit auf den Weg: „Passens auf, i sag Ihna, des wird nix. Bis jetzt hams ka Steuer zahlt. Jetzt werns Steuer zahln. Und dann is aus!"

Gewiß, ich habe keine Reichtümer an Land gezogen, aber ganz schlecht war es nicht. Ich hatte dank der Angebote aus Genf immer etwas zu übersetzen. Auf die Rohrer-Simenons folgten die Cosmopress-Simenons und Romane, für die Hassberger nur die Zeitungsrechte hatte, während die Buchausgaben anderswo erschienen. Ich übersetzte den als Buchautor kaum bekannten, aber ausgezeichneten Thriller-Schreiber Vahé Katcha und die Herren Boileau und Narcejac, die Rowohlt bis heute u. a. nach meiner damaligen Übersetzung immer wieder auflegt. Weder für diese vielen Nachauflagen noch für die Verfilmung des Romans und Nutzung meiner Dialoge in der Synchronisation habe ich jemals einen Pfennig erhalten (Filmtitel *Les Louves*, Buchtitel: *Ich bin ein anderer*). Aber natürlich ging damals auch einiges an Kolportage über meinen Schreibtisch, heute zu Recht vergessene Feuilletonromane, denen ich vor allem beim Übersetzen ganz deutlich anmerkte, wie mühsam sie sich der Autor aus den Fingern gesogen hatte.

Der Star meiner Liste ist aber — und das muß jedem Schreibenden zu denken geben — heute genau so vergessen wie die traurigen Autoren von *London sehen und sterben* und ähnlicher Dutzendware: der stark mit astrologischen Motiven arbeitende Louis de Wohl (1903—61), Ehrendoktor von Boston, wenn auch nicht von Harvard, englisch und deutsch schreibend, eine schillernde Figur von großer Geschäftstüchtigkeit. Ich konnte nicht viel von ihm an die Wiener Zeitungen loswerden, weil sein strenges Preislimit im Nachkriegswien noch niemand zu bezahlen vermochte, aber ich lernte aus seinem Beispiel, daß man sich rar machen müsse und daß man auf lange Sicht mit einer pompösen Absage besser fahre als mit dem Kleinbeigeben, des schnellen Geldes wegen. Federmann, mit dem ich ja in vielen Besprechungen gemeinsam agierte und der praktisch alle meine Geschäftspartner späterer Jahre kannte, sah in diesem Verhalten, das ich mir eigentlich noch gar nicht leisten konnte, mein Erfolgsrezept: ‚Bei dir wissen sie immer, wenn sie nicht genug zahlen, stehst du auf und gehst fort. Bei mir weiß jeder: Der Federmann nimmt, was er schnell kriegen kann.' Ich habe nur einmal zu hoch gepokert, und als dadurch tatsächlich ein Objekt platzte, gab es dafür dann eben andere Arbeit.

Solche und andere Lehren aus der krausen Welt des literarischen Agententums bildeten mich nach und nach aus, das heißt, ich lernte mein Metier kennen, ich wurde ein professioneller Übersetzer und Journalist, und daß es so war, hat weder mir selbst noch meinen Partnern geschadet, denn nicht alle Verleger verstehen mehr von Buch und Buchhandel als ein erfahrener Autor. Ich bin nicht nur in Österreich immer wieder auf Kollegen gestoßen, die mit einem schwärmerischen Blick zum Himmel all diese irdischen Niedrigkeiten weit von sich gewiesen haben und darum natürlich die Beute ungünstiger Verträge wurden. Und ich entsinne mich eines Autorentreffens bei Arena in Würzburg — sehr angenehme Zusammenkünfte bei besten Weinen — in dem ich auf die unzureichenden Auslandsabschlüsse für unsere Verlagswerke zu sprechen kommen wollte. Ein sehr bekannter Jugendbuchautor schnitt mir das Wort mit dem Bemerken ab, Übersetzungen und Lizenzfragen interessierten doch niemanden, das sei nun einmal Sache der Verlagskaufleute. Darin liegt ein unbegreiflicher Irrtum: Je mehr mir ein Buch bringt, vor allem, wenn es schon geschrieben ist und keine Arbeit mehr kostet, desto mehr Zeit kann ich in das nächste Buch investieren. Ein paar tausend Mark aus den bereitwilligen Übersetzungsländern — aus Spanien, den Niederlanden, Japan — entlasten von jenen zeit- und nervenintensiven Kleinarbeiten, die mit ihren engen Terminen die geschlossene Langstrecke der Bucharbeit zerhacken.

Es war also eine Lehrzeit, und der smarte Doktor Hassberger mit seiner Londoner Garderobe und dem jugendlichen Gang war bei unseren gemeinsamen Mahlzeiten und in den Verhandlungen, zu denen er mich begleitete oder ich ihn, *nolens volens* ein guter

Lehrmeister. Es spornte mich an, daß er nicht aufgab, daß wir mit unseren Pressematerialien von Redaktion zu Redaktion zogen, und ich sah ihn nur einmal wirklich verärgert, als wir, übrigens erfolglos, eine schwarze Tageszeitung verlassen hatten, nach mühsamen Gesprächen mit Herrn Schiffleitner. „Daß ich zu sowas Herr Präsident sagen muß", stöhnte er auf der Treppe, „ich, ein freier Schweizer ..." Dabei lachte er aber schon wieder, und die unergiebige Stunde war vergessen. War es gar zu komisch, behalfen wir uns französisch: Als er einmal sah, daß ich mir das Lachen kaum noch verbeißen konnte, flüsterte er mir zu: *On rigolera après.*

Zweierlei gönnte er mir nicht, daß ich — zum Unterschied von ihm noch frei von jeglicher Gicht — mittags mit einem großen Slibowitz beginnen konnte, und daß ich mir, keineswegs von Cosmopress-Provisionen, sondern nach einem massiven Transfer vom Verlag der Nation, einen funkelnagelneuen Volkswagen gekauft hatte. Denn so alltäglich der Volkswagen war, ein fabrikneues Gefährt dieser verläßlichen Marke war noch Jahre nach dem Krieg in Österreich ein Gegenstand der Sehnsüchte. Hassberger ruhte nicht eher, als bis ich ihn auf dem Wagen, der gerade 50 Kilometer hatte, fahren ließ, und jedesmal, wenn er sich verschaltete, gab es mir einen Stich ins Herz.

Obwohl ich also nun wieder einen Chef hatte, obwohl ich Fehler machte und sanfte Rüffel aus Genf kamen, es war doch eine angenehmere Existenz als die tägliche Fahrt ins Franzosen-Büro mit dem langsam vor sich hinknirschenden Dreizehner, einer

Tramwaylinie, die durch alle Nebengassen fuhr, aber eben auch überall hinkam. Zudem hatte ich nun immer Geld: ich mußte ja erst am Quartalsende abrechnen. Das war zwar jedesmal ein sehr spannender Vorgang, und gelegentlich sogar ein schwarzer Tag, wenn ich beinahe soviel verbraucht hatte, wie mir Genf schuldete; aber 90 Tage lang war eben doch immer ein solider Kontostand vorhanden, man brauchte nicht mehr jeden Zwanzigschilling-Schein hinundher zu wenden. Das war die Lösung jenes Rätsels, das andere freie Schriftsteller aus meinem Wiener Freundeskreis noch Jahre später beschäftigte: ‚Daß du heute Geld hast, begreift jeder', grübelte Federmann Ende der Sechzigerjahre in München, ‚aber wieso hast du schon in Wien immer Geld gehabt? Da ist bei dir doch nicht mehr gelaufen als bei uns!'

Uns, das war das Duo Milo Dor und Reinhard Federmann, für gelegentliche Prestoarbeiten verstärkt durch einen Federmann-Bruder oder durch Bertrand Alfred Egger, einen feinen Lyriker, der nichts aus sich machte und darum leider nicht sonderlich ernst genommen wurde. Da das schnellste Geld in unserer Branche nicht das fertige Manuskript bringt (das gelesen, wiedergelesen und beurteilt werden muß), sondern das Projekt, das man dem Verleger selbst in 10 Minuten erzählen kann, reisten Dor und Federmann mit Ideen zu den deutschen Verlagen. Dor hatte das Glück gehabt, daß ihm alle Wiener Verlage den großen Roman *Tote auf Urlaub* abgelehnt hatten; ein deutscher Verlag machte aus diesem nicht nur für Dor zentralen Stoff mit seinen erschütternden autobiographischen Details einen verdienten Großerfolg. Außerdem hatten die beiden ein oder zwei Titel bei den Krähenbüchern untergebracht, so nannte sich damals die beste Serie von Kriminalromanen, in der Dashiell Hammet, Raymond Chandler und ein paar andere Klassiker des Genres dem deutschen Leser vorgestellt wurden. Die Deutschland-Rundreisen in Dors rechtsgesteuertem englischen Luxuswagen, der alle 100 Kilometer seinen Geist aufgab, hatten also durchaus Chancen und führten zu Verträgen und Vorschüssen, aber sie dauerten zu lang, sie waren zu reichlich mit Spesen behaftet, und sie litten natürlich darunter, daß alle Erträge durch zwei geteilt werden mußten. Hatte Federmann dann noch Benzinkosten, Reparaturanteil und dergleichen entrichtet, blieb oft nicht mehr viel übrig, und mancher Scheck, den er mir telegrafisch angekündigt hatte, damit ich seiner Familie schon vorweg etwas auszuzahlen bereit sei, löste sich in vage Hoffnungen auf. Jedenfalls liest sich die Korrespondenz jener Tage für einen Finanzjongleur sicherlich faszinierender als für Literaten, denn Federmann baute, wie lange vor ihm Balzac, die schönsten Brief-Kartenhäuser. Ich überlas sie mit leisem Grauen vor ein oder zwei Jahren nocheinmal, ehe ich sie — bis 20 Jahre nach meinem Tod gesperrt — nach Marbach schickte.

Denkt man heute zurück, so wirkt manches grotesk, was damals niemanden verwunderte, weil eben alles noch anders war. Der spätere Pressemagnat Ferenczy (das *von* fehlte damals noch) erläuterte jenen, die Dor und Federmann noch nicht kannten, ihre Grundsätze (Idee kontra Sofortgeld) durchaus freundlich mit den später dann geflügelten Worten: ‚Müssen verstähen, bittaschön, der System von die Herren ist folgendää...'

Und sie hatten Ideen, das war unbestreitbar, wenn sie Stoffe der Weltliteratur auf die jüngste Vergangenheit und ihre besonderen Konstellationen übertrugen *(Othello von Salerno* oder *Romeo und Julia in Wien)*, und ihre Kriminalromane wie *Und einer folgt dem andern* fügten sich in die unterhaltsame Krimi-Reihe der Krähenbücher recht gut ein, hinter Hammett und Chandler wohl deutlich zurückbleibend, aber kaum schlechter als Earle Stanley Gardner.

Ich beneidete sie nicht, sah ich doch als erster, wenn auch nicht als einziger, wie wenig unter dem Strich übrig blieb, wieviel Leerlauf sich vor allem dann einstellte, wenn sie mit den Zufallsredakteuren des jungen Fernsehens arbeiten mußten. Die grenzenlose Unsicherheit dieser Mediokritäten angesichts eines neuen Mediums erzwang von den echten Talenten wie Dor, Federmann, Bachmann, Hiesel und Fritsch immer neue Umarbeitungen, und das eigentliche Wunder bestand schließlich darin, daß diese betriebsblinden Kreaturen hinter ihren Schreibtischen endlich doch die Begabung großer Regisseure wie Michael Kehlmann, Erich Neuberg oder Walter Davy erkannten und der Österreich-Invasion ins deutsche Kulturleben, wie sie heute längst offenkundig ist, das erste Tor aufstießen.

Es war ein Bohèmeleben, für das Dor die Konstitution mitbrachte, Federmann aber nur die Neigungen. Die langen Abende mit den Fernsehredakteuren, das endlose Gemauschel mit Vermittlerfiguren wie Bornemann (der erst viel später die lukrative Gelehrtenpose entdeckte), die fruchtlosen Wochen und Monate in Hotelzimmern, denen dann die gemeinsame Arbeit in einem Mietzimmer der Wiener Pension *Columbia* folgte, das war für eine so bürgerliche Natur wie mich — zwischen Büchern aufgewachsen, von einer großbürgerlichen Familie gehalten — seelisch, wohl aber auch körperlich unmöglich.

Ich blieb erstaunlich lange in dem Dienstbotenzimmer hoch über der Seilergasse 16, dessen eine Attraktion die zentrale Lage war, eine andere aber das in der — im Lichthof gegenüberliegenden — *Pension Wiener* in knappster Unterwäsche bügelnde reizende Dienstmädchen. Erst als unser Onkel aus Tirol schrieb, er denke daran, nach Wien zurückzukehren, entsann ich mich jenes großen Kartons, der neben zwei Perserbrücken und einer großväterlichen Golduhr mein einziger Besitz war, eines Kartons mit 1.200 Stück Zigaretten der Marke *Juno Rund* aus unserem Linzer Vorratslager. Ihn klemmte ich mir unter den Arm, fuhr in den IX. Bezirk zu einem als besonders tüchtig geltenden Wohnungsmakler mit ungarischem Namen und stellte ihm das gelbe Paket auf den Schreibtisch.

An derlei Entscheidungshilfe gewöhnt, schob er nur eine der Kartonklappen mit dem Finger auf, als könne ihm plötzlich eine Klapperschlange entgegenzischen, erfaßte blitzschnell, was ihm angeboten wurde, schlug ein großes, flaches Heft auf und sagte: ‚Also da hätten wir...'

So kam ich zu der schon erwähnten Wohnung auf dem Wiedner Gürtel, schönes Haus, aber Ofenheizung, kein Lift, aber gute Verkehrslage und Telefon. Natürlich war sie nicht leer: Jemand hatte sie sich unter den Nagel gerissen, aber keinen Mietvertrag. Es war ein kleiner Bauunternehmer, und im Gegenzug gegen den Renovierungsauftrag verpflichtete er sich zur Räumung, so liefen damals die Geschäfte. Das Gefährlichste an dem ganzen Vorgang waren die Schnäpse, mit denen wir diesen Versöhnungsvertrag begossen: Ich war am Morgen stundenlang blind, ehe die Fuselfolgen abklangen.

Vielleicht habe ich damals sehr viel falsch gemacht. Ich hätte nur den Aufforderungen der Freunde folgen und mitfahren müssen; Konkurrenz war ich keine, da ich zur Essayistik tendierte, und es wäre zweifellos wirtschaftlicher gewesen, gleich für das Fernsehen zu arbeiten, als ihm mit Büchern wie *Auf den Spuren der Goten*, *August der Starke* oder auch *Piraten und Korsaren* jene Vorlagen und Basisinformationen zu liefern, die seither ohne einen Pfennig Stoffhonorar immer wieder ausgeschrieben, ja ausgeweidet werden. Aber als ich zum Beispiel mein Gotenbuch in Köln auf einem Arbeitstisch liegen sah, zwischen Weißweinlachen, zerfleddert, angestrichen, malträtiert wie ein Regiebuch, da wußte ich dann doch, daß es so nicht gegangen wäre. Ich war für solch uferlose Zusammenarbeit stets zu unbeweglich, aber auch zu ungeduldig. Und vor allem: Ich hatte immer Buch-Arbeit, ich hatte und habe bis heute Beschäftigung in jener angenehmsten Weise, die mir die absolute Einsamkeit mit Stoff und Literatur garantiert, wie ich sie im Böhmerwald gelegentlich der Dissertation erstmals erprobt und genossen hatte, und wenn ich Glück habe, wird es dabei wohl auch für die letzten Jahre bleiben.

Erfreulicher als mit den deutschen Medien war der Umgang mit den deutschen Autoren. Es ging ihnen schon sehr früh besser als uns, aber die Kameraderie litt nicht darunter. Ich erinnere mich an einen Brief von Heinrich Böll, der ja nur drei Jahre älter war als ich, eines jünger als Österreichs erfolgreicher Romancier Fritz Habeck. *Cosmopress* hatte, im Vertrag mit einem seiner Verlage, das Inkasso eines österreichischen Hörspielhonorars für ihn übernommen, und das Geld — es waren etwa 2600 Schillinge — landete bei mir. Böll bat, den Betrag, der für ihn damals nicht ganz unwichtig sein konnte, an Federmann auszubezahlen. Man kannte einander inzwischen aus der *Gruppe 47*, und da an ihren Tagungen ja auch Verleger teilnahmen, bot dieser Kreis meiner Generation oder zumindest den hinreichend starken Talenten in ihr eine Auffangbasis. Denn zu Hause in Wien, da hatten die alten Scheingrößen das Heft nie aus der Hand gegeben, da hatte die Entnazifizierung nur ein paar Monate Zeit gehabt und herzlich wenig erreicht, und Torberg wie Weigel hatten mit ihrem Kommunistenboykott sehr schnell ein neues Feindbild aufgerichtet: ,1954 bis 1965 leitete Torberg die von ihm begründete Zeitschrift *Forum*. Der darin geäußerte Antikommunismus (Brecht-Boykott) prägte die kulturelle Atmosphäre im Nachkriegsösterreich wesentlich mit' (Ursula Weyrer im Bertelsmann-Literaturlexikon). Es ist ein grausamer Witz, daß durch diese Konstellation, die Österreichs an sich geringe Verlagskapazität auch noch aufspaltete und teilweise paralysierte, auch Autoren nach Deutschland getrieben wurden, die von Torberg und Weigel nichts zu fürchten hatten, und der eine oder andere, den Weigel in schnell vergessenen Anthologien sozusagen entdeckt hatte, fiel auf diese Weise indirekt den Polit-Initiativen dieser selbsternannten McCarthys zum Opfer. Auch mir saß eines Tages im Kranz-Ambassador am Neuen Markt ein deutscher Verleger gegenüber, der mir sagte: ‚Kommen Sie zu uns, bei uns wird niemand Sie angreifen, und es gibt auch keinen Brotneid. Sagen Sie mir, wieviel Sie monatlich brauchen und wie lange, ich garantiere es Ihnen.' Da waren die Russen schon abgezogen, ich hatte meine wunderschöne Wohnung über der Stadt Baden wieder, einen freizügigen Job als Übersetzer und die Einnahmen der Cosmopress-Vertretung. Ich wäre aus freien Stücken nie weggegangen, sondern wurde weggetrieben, was ich festhalten möchte, weil gerade in meinem Fall so mancher, der mangels anderer Möglichkeiten in Wien zurückblieb, mir dann die ‚harte D-Mark' — das Zauberwort für alle Österreicher, die einen genauso harten Schilling verdienen — vorgehalten hat.

Daß ich es dennoch bis 1960 in Österreich aushielt und immer etwas zu beißen hatte, war das Verdienst meines Lazarettfreundes Dr. Weiske, der nach und nach drei meiner vier Romane für den Verlag der Nation annahm. Obwohl Eigentum einer

Blockpartei, erfreute sich der Verlag einer gewissen Sonderstellung, da er das ‚kulturelle Erbe' pflegen sollte — und da er von dem Schriftsteller Günter Hofé (1914—88) geleitet wurde, der zu den Sowjets beste Beziehungen unterhielt.

Meine erheblich ins Wanken geratene Hoffnung, als Schriftsteller leben zu können, wurde in einem einzigen Gespräch mit Hofé gefestigt und seither auch nicht mehr erschüttert. Er eröffnete mir mit größter Herzlichkeit, daß es üblich sei, bei Vertragsabschluß stets die ganze erste Auflage — jeweils 10.000 Exemplare! — an den Autor auszubezahlen; einbehalten würden lediglich 14% Einkommenssteuer, womit ich dann aller steuerlichen Verpflichtungen ledig sei; es war ein Erlebnis, das vollends märchenhaft wurde, als ich in der Bundesrepublik dann 50% und mehr Einkommensteuer bezahlte.

Den Geldsegen aus dem Verlag der Nation erhielt ich allerdings nicht in bar, derlei war wegen des illegalen Umtauschverhältnisses zwischen den zwei Berliner Währungen vor allem vor dem Mauerbau ein Risiko für Ostberlin: Man eröffnete mir ein Konto, und die Hotelrechnungen gingen ebenso dorthin wie die Rechnungen bei Einkäufen. Nur in Babelsberg wurde bar bezahlt, und die dicke Rolle mit Fünfzigmarkscheinen von der DEFA-Kasse waren darum eine Sensation für sich. (Nicht jeder war ihr gewachsen: Mein Freund Karl Bruckner, Jugendbuchautor mit hohen DDR-Auflagen, wurde einmal auf dem Alexanderplatz festgenommen, weil er Banknoten an die DDR-Bürger verteilt hatte).

Für die reichlich fließenden Tantiemen gab es entgegen allen Erwartungen gute Verwendungsmöglichkeiten. Walter Janka hat sie in dem leichtesten und heitersten seiner drei Bücher, in ‚... bis zur Verhaftung' (1993) im Zusammenhang mit Leonhard Frank, Thomas Mann und anderen Autoren geschildert. Wir hatten damals alle, vom Nobelpreisträger Halldor Laxness bis zum Jungromancier Hermann Schreiber, denselben Schneider: das HO-Maßatelier unter den Linden. Und wir bewohnten alle dasselbe Hotel in der Invalidenstraße, das ‚Hotel Newa, damals das einzig zumutbare Hotel in Ostberlin mit guter Küche' (Janka). Ein besonderer Umstand nötigte uns beinahe zum Einanderkennenlernen: Wegen des allabendlichen Ansturms der mit ihrer hohen Währung billig essenden Westberliner war eine einzige Tischreihe für uns Hotelgäste abgetrennt, in der man natürlich nicht einen Tisch für sich hatte, sondern bald mit dem Filmemacher Joris Ivens, mit dem Schriftsteller Arnolt Bronnen oder auch mit dem etwas zwielichtigen Baron von Oettingen an einem Tisch saß, der einen Uralt-Opel mit Bravour über die Zonengrenze drosch und, dank der Schönheit seiner Frau aus einer alten Schweizer Verlegerfamilie, überall gern gesehen war.

Man sah in den Straßen von Ostberlin zwar viele Betrunkene, aber kein Elend, und man hatte abends die Wahl zwischen ausgezeichneten Theater- und Opernaufführungen, so daß sich mir nach und nach die Überzeugung festigte, von meiner Feder angenehm leben zu können. Zwar waren es alljährlich nur zwei Monate, die ich im Hotel Newa zubrachte, aber ich konnte mir Garderobe kaufen, eine Menge von Büchern wie zum Beispiel die erste Halbpergament-Gesamtausgabe von Thomas Mann, die Janka rechtzeitig zu Manns achtzigstem Geburtstag (trotz Papierknappheit und Buchbinderei-Engpässen) zustandegebracht hatte. Wenn ich die Menge der Einkäufe in meinen winzigen 4 CV-Renault verstaute, aus dem man schließlich nur noch den Blick nach vorne hatte, sah das Hotelpersonal gespannt und andächtig zu.

Einer meiner damals in Ostberlin nachgedruckten Romane erschien noch 1990 abermals in einer DDR-Ausgabe, die dann schon in DM honoriert wurde; im übrigen aber blieb die glückliche Zusammenarbeit auf die fünfziger Jahre und meine frühe Belletristik beschränkt. Meine Sachbücher widersprachen offensichtlich der marxistisch-leninistischen Geschichtsauffassung.

1961 oder 62 kam dann Freund Weiske mit Familie in den Westen und lebte zunächst mit uns in der großen Augsburger Wohnung, bis er und seine tüchtige Frau, eine Ärztin, sich in Stuttgart eine neue Existenz aufbauen konnten. Wir blieben bis zu seinem Tod 1993 in gutem freundschaftlichen Kontakt. Natürlich wurde ich vom DDR-SD mit der illegalen Ausreise der Weiskes in Verbindung gebracht, so daß ich ein paar Jahre lang nicht mehr in die DDR zu reisen wagte, bis mir Professor Dr. Heinz Kamnitzer, Präsident des PEN-Zentrums der DDR, seinen Schutz anbot. Literarische Beziehungen haben sich bei meinen zahlreichen späteren DDR-Reisen jedoch nicht mehr ergeben, was ich heute bedaure.

Nizza

Von der Polemik fortgerissen, habe ich die zeitliche Folge ein wenig durcheinander gebracht. Zum Jahr 1951, in dem Milo Dor zur *Gruppe 47* stieß, gehört nämlich für mich ein vergleichbares Erlebnis, vielleicht sogar ein Schlüssel-Ereignis, wenn auch nicht das einzige meines Lebens: Der Kongreß des Internationalen PEN-Clubs wurde nach Nizza einberufen. Ich hatte aus den Übersetzungen meiner Romane bei André Bonne ein wenig französisches Geld, und Kongreßteilnehmern konnte man ja schlecht das Visum verweigern. Meine Rückkehr nach Frankreich, die erste seit dem Abtransport meiner Panzerjägereinheit im Frühjahr 1941 aus Cognac, konnte in Szene gehen.

Der letzte wichtige Kongreß des PEN-Clubs hatte vom 25. bis 28. Mai 1933 in Dubrovnik stattgefunden, das man damals noch oft Ragusa nennen hörte. Das Datum lag vierzehn Tage nach den ersten großen deutschen Bücherverbrennungen, und die deutsche Delegation zeigte bereits die ganze Misere des gleichgeschalteten Geisteslebens an, denn sie bestand, obwohl zu diesem Zeitpunkt erst einige ganz Vorsichtige emigriert waren, aus den Herren Fritz Otto Busch (Marineschriftsteller), Hanns Martin Elster (Essayist mit nationalen Themen, der sein erstes Buch Adolf Bartels gewidmet hatte) und dem Hitler-Biographen Dr. Edgar von Schmidt-Pauli. Für Österreich waren als offizielle Delegierte die nicht unsympathische Unterhaltungsschriftstellerin Grete (von) Urbanitzky und Felix Salten angereist.

Trotz eifrigen Taktierens in den Couloirs, bei dem vor allem Frau Urbanitzky die anderen Delegationen von antideutschen Resolutionen abzuhalten versuchte, brach sich zum Schluß die allgemeine Entrüstung gegen die damals erst in Ansätzen sichtbare NS-Literaturpolitik Bahn, und Ernst Toller hatte einen großen Auftritt, in dem er von den Gewaltmaßnahmen in Hitlerdeutschland berichtete. Neben den Herren aus dem Reich verließen dabei auch die österreichischen Delegierten den Saal (!), was um so peinlicher war, als Felix Salten ja Jude war. Er gewann bei dem Nachspiel in Wien ein paar Sympathiepunkte, weil er erklärte, mit Rücksicht auf die in Deutschland lebenden jüdischen Kollegen so gehandelt zu haben; ähnlich unentschlossen verhielt sich auch Werfel, wohl um seine deutschen Buchverkäufe zu retten. Was nicht mehr zu retten war, das war der österreichische PEN: Schon wenige Monate später, also keineswegs erst 1938, spalteten sich die nationalen und die katholischen Autoren, geführt von Weinheber, Max Mell und einigen weniger namhaften Literaten wie Bruno Brehm, Mirko Jelusich, Franz Spunda und Robert Hohlbaum von dem durch klangvolle Namen deutscher Emigranten bereicherten österreichischen Stamm-PEN ab. In diesen Querelen, in denen so mancher — nicht nur Werfel und Salten — offensichtlich die Lage noch nicht richtig eingeschätzt hatte, waren die eindeutigsten, bis heute Wort für Wort zu unterschreibenden Stellungnahmen von Karl Kraus, Ernst Fischer und Franz Theodor Csokor erfolgt. ‚Vollkommener ist noch kein Beweis von Daseinsüberflüssigkeit einer Repräsentanz ausgefallen als bei Vereinsmeiern, die zum ersten und wohl letzten Mal vor der Aufgabe standen, die Güter, deren Vertretung sie sich anmaßten, zu verteidigen' (Karl Kraus). Während er nur feststellte und auf seiner Linie blieb, da er Salten ja nie gemocht hatte, klingen die Ausführungen von Ernst Fischer unter der Überschrift *Parade der Überläufer* geradezu prophetisch, denn es gab den Reichskanzler Hitler ja gerade erst ein Vierteljahr: ‚Vielleicht ist es gut, daß alles Halbe zu ganzem Bekenntnis oder zu ganzer Erbärmlichkeit gezwungen wird. Alle, die vor der Macht erschauern, vor dem Erfolg niederknien, mögen überlaufen. Man wird ihre Bücher drucken, ihre Stücke aufführen, ihre Dienste bezahlen; man wird sie als Prachtexemplare geistiger Haustiere prämieren. Die anderen aber wird man verfolgen, verfemen, ausstoßen; sie werden den Geist wie ein Schicksal und nicht wie einen Smoking tragen' (Arbeiterzeitung vom 30. April 1933!).

Die österreichische Delegation in Nizza hatte also eine gewaltige Aufgabe. Es galt, vor dem angesichts des reizvollen Tagungsortes reich beschickten Kongreß die Schmach gutzumachen, die in Ragusa vor 400 Delegierten aus 26 Ländern und trotz aufhellender, mutiger Darlegungen von Schalom Asch und Ernst Toller geschehen war. Die große Chance, den Kongreß von 1951 nach Wien einzuberufen, hatte — nach Bereitstellung aller Mittel durch das offizielle Österreich — Hans Weigel dadurch vereitelt, daß er die Regierung vor einem Club gewarnt hatte, der politisch ‚nicht ganz ausbalanciert' sei. Tatsächlich gab es im Vorstand neben Ernst Fischer noch einen Kommunisten, den auch in *Wort und Tat* schreibenden Walter Hollitscher, der aber seit 1949 gar nicht mehr in Wien lebte. Man mußte also, weil man sich von einem einzigen Literaten einschüchtern ließ, auf fremdem Boden zu der schwierigen Aktion antreten, schwierig, weil Delegationsführer Csokor zwar den Ehrgeiz hatte, seine große Rede französisch zu halten, aber leider zu keinem Aussprache-Schnellkursus zu bewegen gewesen war...

Ich bin heute froh, daß ich mir durch all das die Laune nicht trüben ließ und die Tage von Nizza in vollen Zügen genoß, auch wenn Weigel in der ominösen *Welt am Montag* gerügt hatte, der PEN habe es gewagt, den ‚Kommunistenfreund Hermann Schreiber nach Nizza mitzunehmen'. In Nizza saßen die Kommunistenfreunde und wasserklaren Kommunisten in dichten Rudeln, wie es Kongresse eben mit sich bringen, und der PEN hatte durchaus nichts dazugetan, daß ich teilnahm, denn zum Unterschied von den gut verdienenden Literaturgreisen, die auf Kosten des PEN nach Nizza gereist waren, hatte ich mir von der Eisenbahnfahrkarte bis zum Hotelzimmer und der Kongreßgebühr alles auf Heller und Pfennig selbst bezahlt — und ich habe es nie bereut.

Es war eine Woche mit strahlendem Wetter. Auch Frankreich erwachte mit dem Beginn der Fünfzigerjahre aus einer dunklen Epoche, und wir wissen heute alle, daß die Côte, aber auch Paris keine bessere Zeit hatten als jene Jahrzehnte zwischen 1950 und 1968. Auch die Delegationen aus den fernsten Ländern empfanden dies ganz so, wie wir Mitteleuropäer. Ich sah Korrespondentinnen aus Saigon in Frankreich aufblühen, als sei man nicht bei der Kolonialmacht zu Gast, sondern bei der großen Schwester. Die DDR-Delegation, geführt von Johannes Tralow aus Gauting bei München, gruppierte sich um Tralows vierte oder fünfte Frau, die mit einem knappen grünen Badeanzug auf dem Cap d'Antibes dafür sorgte, daß angehenden Pornographen wie Jean de Berg das Monokel aus dem Auge fiel. Überhaupt: die Frauen. Entweder waren sie selbst jung und schön, als Gemahlinnen der Autoren wie die des bei uns immer noch unbekannten Pierre de Béarn, oder sie ließen sich von ihren süßen Enkelinnen begleiten wie eine jugendschriftstellernde britische Großmutter mit freundlichem Dauerlächeln. Man ertrug dann auch leichter die redselige Gabriele Tergit oder gar Gertrud Isolani, die eine Mustermappe mit sich führte wie ein Handelsvertreter, in der die Schutzumschläge ihrer Bücher und die positivsten Kritiken gesammelt waren.

Um nicht ausschließlich unter den Fittichen von Johannes Tralow zu segeln, mit dessen Konjunktiv-Epopäen ich nichts anfangen konnte, versuchte ich, an die westdeutschen Kollegen heranzukommen. Aber Erich Kästner und Karl Krolow hatten, angesichts der Rivierahitze, schon in den ersten Tagen mit Bier und Speiseeis dermaßen gesündigt, daß sie erst am letzten Kongreßtag blaß und angegriffen wieder zum Vorschein kamen. Munter und jung wie ich war hingegen der Fotograf für das *Life-Magazine*, dazu schlacksig und unverfroren; mit einer Kühnheit, die mir bisweilen den Atem benahm, kam er überall zum Schuß, und seine Kollektion der Kongressisten und der Begebenheiten wäre mir heute Gold wert. Er hatte bald herausgefunden, daß ich nicht sonderlich umschwärmt war, andererseits aber die Sprachen konnte, die ihm fehlten — deutsch, französisch, italienisch — und daß ich sein Englisch verstand. Fortan waren wir unzertrennlich; ich machte ihn bekannt, wo ich etwas zu sagen wußte, und hatte dank des Renommés von *Life* auch in die exklusivsten Zirkel Zutritt.

Das wurde natürlich beobachtet, und schon am zweiten Tag trat der hochgewachsene Hermann Kasack auf mich zu: ‚Ich sehe Sie immer mit diesem Fotografen ... Der Mann hat doch keine Ahnung ... Machen Sie ihn bitte darauf aufmerksam, daß ich der bedeutendste deutsche Dichter bin!'

Es war ihm ernst, und nach dem Erfolg seiner *Stadt hinter dem Strom* in Deutschland durfte er es ja beinahe auch glauben; der große Irrtum bestand nur darin, anzunehmen, daß dies die Welt interessiere. Die Autoren, mit denen die Literarische Internationale uns identifizierte, waren tot, und nichts war nachgewachsen.

Es sind solche Anlässe und Gelegenheiten, bei denen einem klar wird, daß Sprachkenntnisse Bewegungsfreiheit bedeuten, daß sie den Freiraum überhaupt vergrößern, den das Individuum im Leben genießt. Da ich täglichen Umgang mit Franzosen hatte, und täglich deutsch schrieb, wuchsen beide Sprachen mir gleichermaßen zu und wurden im ständigen Gebrauch geschmeidige Waffen. Das Schulenglisch hatte ich durch ein paar Thriller-

Übersetzungen aufpoliert, da fehlten nur ein paar Vokabeln und die Übung, und Italienisch hatte ich in Privatstunden in meiner Redaktion gelernt, eigentlich nur, um den schönen Schwestern Winiewicz nahezukommen. Lida, heute zu Recht berühmt als lebender Beweis, daß man auch für das Fernsehen Gutes schreiben kann, war in meiner Franzosenzeit zweiundzwanzig oder dreiundzwanzig Jahre alt, munter, blitzgescheit, eine sehr verführerische Erscheinung, die ihren Eclat genoß. Sie war von Malern und Teppichkünstlern umschwärmt, ich glaube, der große Jean Picart le Doux lag ihr eine Weile zu Füßen, ehe sie sich für den gutaussehenden und von uns anderen glühend beneideten Monsieur Levevre entschied. Ihre Schwester, zarter, aber heiterer, weil nicht in dem Maß im Mittelpunkt der allgemeinen Aufmerksamkeit, machte mit mir so lange italienische Konversation, bis ich mir allein weiterhelfen konnte.

„Sie helfen mir tagtäglich, ich nehme Ihre Zeit in Anspruch!" sagte schließlich der *Life*-Mann auf englisch. Ich ahnte, daß er mir Geld anbieten wolle, aber da er nicht älter war als ich, lag es mir fern, etwas anzunehmen und ich bat ihn um Bilder von einigen Frauen, die mir besonders gut gefielen und von denen man ja leider annehmen mußte, daß man sie niemals wiedersehen würde. Sein Blick leuchtete vor Begeisterung: ‚Und ob ich das mache, Sie werden sehen!'

Und ich sah mit gesträubten Haaren, wie Starfotografen zu Werke gehen! Die schöne Eurasierin aus Saigon (die, wie ich später bei einem Wiedersehen in Paris ergründen konnte, gar keine Schriftstellerin war) hob er kurzerhand aus dem Bus, der zwischen Hotels und Veranstaltungsorten pendelte, heraus, stellte sie auf eine Kaimauer und schoß das Foto, und da sie es sich lächelnd gefallen ließ, wiederholte er die Prozedur auch noch im Sitzen. Die achtzehnjährige Engländerin sonderte er mit brüderlich-zärtlichen Gebärden von ihrer pferdegesichtigen Großmutter ab, stellte sie unter einen Blütenbaum im Garten des Fürsten von Monaco und brachte eine Art fotografischen Manet zustande. Und Madame de Béarn, die besonders schöne Schultern hatte, wurde bei einem Galaabend im Casino de la Méditerrannée fotografiert, in großer Toilette.

‚Sie haben ja einen tollen Draht zu den Amerikanern', brummte Tralow, der als alter Schwerenöter einiges mitbekommen hatte. Die anderen kümmerten sich nicht um mich, nur mit Georg von der Vring hatte ich eine Stunde guten Gesprächs. Es war eigentlich nicht viel für sechs Autobusse mit all diesen Nassauern, die sich von Empfang zu Empfang schleppen ließen, weil es nichts kostete, und die sich erbitterte Kämpfe mit Handtaschen und Schirmen lieferten, um einen Platz in der *Colombe d'Or* zu ergattern, die damals ihre beste Zeit hatte, aber nur die Hälfte der Kongreßteilnehmer fassen konnte.

Ich habe leider nicht viel Lust, darüber noch einmal zu schreiben. Ich habe es im *Einbruch ins Paradies* getan, und Max Schwimmer hat mit seinen Zeichnungen einiges von den damaligen Impressionen auch bildlich eingefangen, und in der *Schönen vom Strand*, aber trotz aller Versuche, diese Woche zu bewältigen, kann ich nicht sagen, daß sie tief genug in mich hineingesunken sei; sie hätte mich verwandeln müssen. Nach dem Nachmittag in Monaco, unter den Bäumen des Fürsten, am Tisch mit der kleinen Engländerin, im Angesicht der Chöre junger Monegassinnen, die mit ihren reinen Stimmen Volkslieder sangen, hätte es eigentlich keinen Rückweg für mich geben dürfen, ich hätte bleiben müssen, als irgendwer, nur um dort zu sein.

Wilhelm Matejka hatte es trotz seiner vielen Frauengeschichten fertiggebracht, zu heiraten. Da er seine Frau aber oft allein ließ, reiste sie viel und kannte, obwohl etwa gleichaltrig mit mir, die Côte d'Azur schon lange, ehe ich zum erstenmal dorthin gelangte. Sie hatte mir, da die Kongreßhotels für mich viel zu teuer waren, ein Zimmer in einem Dutzendhotel besorgt, das in einer östlichen Parallelstraße der Avenue de la Victoire lag. Allabendlich, nach den Meetings, pilgerte ich zu Fuß dorthin, hatte also vom Tagungsort an der äußeren Promenade des Anglais bis ins Bahnhofsviertel erhebliche Strecken durch das nächtliche Nizza zurückzulegen. Um mich dabei nicht zu verirren, wich ich vom einmal erkundeten Weg nie ab und hatte also immer wieder die gleichen Hurencafés zu passieren, wo gewichtige Damen, alle älter als ich, den Umstand beklagten, daß sich ein Schriftstellerkongreß offensichtlich überhaupt nicht auf die Umsätze ihres Gewerbes auswirkte; ähnliche Klagen sollte ich schon vier Jahre später auf der Buchmesse in Frankfurt am Main zu hören bekommen. Da ich die Zigaretten, um die ich *en passant* angeschnorrt wurde, als Nichtmehrraucher nicht liefern konnte (wer raucht schon, wenn er 1.200 Zigaretten für eine Wohnung geopfert hat), setzte ich mich zu den Unschönen der Nacht und gab einen Pastis aus. Das Plauderhalbstündchen um Mitternacht war entspannend nach den endlosen Monologen meiner Kollegen aus aller Herren Ländern und enthüllte mir einige der harmloseren Mechanismen des Milieus.

Das Nizza, nach dem sich seither alle zurücksehnen, die es damals kennenlernten, hatte nicht 500.000, sondern erst 200.000 Einwohner. Die Hauptader aus dem Bahnhofsviertel zur Promenade des Anglais trug noch jenen Namen, mit dem sie in die Literatur einging, und Monsieur Médécin, nach dem sie später hieß, war noch Bürgermeister. Über der Côte lag noch ein später Hauch aus den Zwanzigerjahren, was das Leben betraf, und der Belle Epoque, wenn man Villen und Fassaden betrachtete.

Diese Stimmungen teilten sich keineswegs allen Kongreßteilnehmern mit, die meisten betrugen sich wie Gesellschaftsreisende, gierten nach allen Veranstaltungen, soweit sie kostenlos, das heißt mit der Teilnehmergebühr bezahlt waren, und brachten sich durch hektisches Geschiebe, Gedränge und Dauergeschwätz um das eigentliche Erlebnis. Das war der Grund, warum sich einige Gruppen absonderten und ruhigere Zonen für Gespräche suchten, die deutsche Gruppe, die sich den Alten Hafen mit seinen Lokalen als Terrain erkoren hatte, und eine Gruppe von im Ausland lebenden deutschen Schriftstellern unter der Führung von Hermann Kesten, der ich mich anschloß.

Es gab am stadtseitigen Beginn der inzwischen völlig umgebauten Rue de France ein preisgünstiges und sehr beliebtes Speiselokal, *Le Cyrano*, wo wir unseren Stammtisch hatten. François Bondy saß gutgelaunt und redselig in der Runde, aber auch Herbert Günther, der, mit einer Tochter des Komponisten Glazounow verheiratet, in der Rue Bois-le-Vent in Paris lebte. Kesten war seit 1945 in Deutschland nicht wieder bekannt geworden, aber ich hatte zwei oder drei Bücher von ihm gelesen und sprach ihn — seit meiner Dissertation tiefenpsychologisch interessiert — auf die besondere Rolle an, die Brandkatastrophen in seinen Handlungsabläufen spielen und auf den offenbaren Zusammenhang zwischen Sex und Flammen. Von seinen Verdiensten um die Emigrationspublizistik wußte ich noch nichts, darüber zu sprechen wäre interessanter gewesen. Kesten war natürlich elektrisiert von der Tatsache, daß ein Junger, einer aus der Nachkriegsgeneration, seine Romane kannte, forderte mich auf, ausführlicher zu sein, und das Gespräch ergriff die ganze Runde. Da ich Jirgals Schicksal kannte — 1905 geboren, in der besten Zeit vom Zwischenspiel Hitler überrollt — brach ich eine Lanze für diese Generation, der auch Herbert Günther angehörte, und hatte gewonnen: Herbert Günther und seine Frau, eine bedeutende Pianistin, blieben mir verbunden, so lange er lebte, und sein Memoirenband *Drehbühne der Zeit* aus den Berliner und Münchner Jahren vor 1933 ist mir bis heute eine wertvolle Lektüre. Kesten traf ich bei späteren Kongressen wieder, die Verbindung mit François Bondy riß hingegen ab. Wir korrespondierten ein wenig über N.O. Scarpi, seinen Vater, den Anekdotenpapst, und Bondy schrieb über meine Geschichte der Stadt Paris, als dieser Dauerbrenner erstmals 1967 bei Piper erschien, die schönste Rezension. Die Runde im *Cyrano's* zeigte mir notorischem Einzelgänger, was aus relativ kurzen Begegnungen alles entstehen könne. Ich weiß heute, daß ich in dieser Beziehung sehr viele Unterlassungssünden begangen habe, vor allem in München, wo ich über Oda Schäfer, die meinen zweiten Roman so positiv besprochen hatte, und Horst Lange, von dem ich jedes gedruckte Wort kannte, in literarische Kreise hätte gelangen können, die einen jungen Menschen tatsächlich fördern.

Noch heute gilt der PEN-Kongreß von Nizza mit dem von London, bei dem wir schließlich alle von der Queen empfangen wurden, als der schönste, am besten organisierte und im Programm reichhaltigste seiner Art, und das ist nur zu wahr. Der Niedergang in den Achtzigerjahren hat diese Erinnerungen an die alten Zeiten nur umso heller strahlen lassen. Picasso lebte noch und empfing uns in Vallauris zwar etwas mürrisch, aber man atmete doch nach einigem Gedränge für ein Viertelstündchen die gleiche Luft wie dieses Jahrhundertgenie, und der Spät-Nachmittag in den Schloßgärten von Monaco, für den ich mir brennend einen weißen Smoking wünschte (ohne ihn bis heute zu haben) war ein einziges Märchen.

Zu all diesen Veranstaltungen waren die Teilnehmer in den sechs gewaltigen Autobussen der Azur-

Cars gefahren worden, wir müssen also mindestens 600 Menschen gewesen sein. Am letzten Tag gab es die erste Unternehmung, die jeder Teilnehmer selbst bezahlen mußte, mit einem sehr kleinen Betrag, so an die 25 oder 27 Mark. Dadurch schrumpfte die Menge der Kongressisten von 600 auf 18 oder 20 Personen zusammen, die einen einzigen mittelgroßen Bus kaum zur Hälfte füllten. Von den Teilnehmern dieser Schlußfahrt, sie führte über die Route Napoléon zu den Gorges du Verdon, sind mir nur die britische Kinderbuchautorin mit ihrer 18jährigen Enkelin in Erinnerung und ein schreibender Zahnarzt aus London, ein Inder, der sich mit seinem Turban sehr malerisch ausnahm.

Ich habe seither über die Côte d'Azur drei und über die Provence vier Bücher geschrieben, die Route von damals also wiederholt abgefahren und mich dem Ziel an der damals noch unregulierten Verdon-Mündung auf verschiedenen Wegen genähert. Aber erste Begegnungen haben es eben in sich; das Herz geht einem ganz plötzlich auf, und man begreift, daß man für sein Leben etwas gewonnen hat, eine Wahl-Landschaft, etwas Unverlierbares.

Ich hatte von den Garnisonen im Westen das atlantische Frankreich einigermaßen kennengelernt, und als sich im Frühjahr 1941 der lange Transportzug im Verladebahnhof Cognac in Bewegung setzte, da ahnte ich schon, wieviel dieses Land mir bedeuten würde, soferne es mir vergönnt sein sollte, aus Rußland zurückzukehren. Nun aber, nach Nizza und der Begegnung mit der hohen Provence, war eine Lebensfreundschaft besiegelt, auch wenn ich die

Franzosen selbst, die Bewohner dieses Wunderlandes, nicht zu allen Zeiten in sie einzubeziehen vermochte. Die schneidende Schärfe der Air-France-Gewaltigen, die doch mir gar nichts zu sagen hatten, habe ich noch heute ebenso im Ohr wie die eiskalten Abschiedsworte des Marquis de Gallifet. Ich hatte in 150 Ausgaben des *Geistigen Frankreich* überzeugt für die Kultur jener Besatzungsmacht geworben, und ich habe seither soviele Bücher über Frankreich geschrieben, daß mir die Lust fehlt, sie zu zählen, mehr als dreißig sind es gewiß. Aber ich habe aus Paris noch kein Wort über all diese Bemühungen gehört. Man sitzt dort nicht auf dem hohen Roß, man sitzt auf einem Elefanten, und leider habe ich's nie geschafft, ebenfalls zum Dickhäuter zu werden.

Wege zum Sachbuch

Trotz all meiner Aktivitäten war es mir möglich, den drei Romanen, die ja nun allesamt erschienen waren, einen vierten folgen zu lassen. Er sollte weniger ernsthaft sein als *Sturz in die Nacht* und die bunten Impressionen von der Avenue de la Victoire verwerten, an der ich, in einem Straßencafé sitzend, Dutzende von Notizen genommen hatte. Ich schrieb das leichte Buch in einem Winter in Alt Aussee. Die langen Spaziergänge in der reinen Luft und die Distanz zum Intrigennest Wien ließen die Arbeit nach Wunsch gedeihen, und ich hatte in diesem Fall schon einen Verlag dafür, nämlich Paul Neff, für den ich schon eine Anzahl dickleibiger Romane von Robert Gaillard, Christian Mégret, Michel Peyramaure, Lucien Marchal und anderen Verfassern übersetzt hatte. Nachdem der Verlag sich jahrelang durch einen Ritter von Sowieso hatte beraten lassen, der in der Arisierungs-Epoche bessere Zeiten gesehen hatte, gab es nun an der Gumpendorferstraße eine junge Germanistin, die selbst gut übersetzte und für die schwierige Übertragung eines duftigen Buches aus dem Englischen zu Recht einen Übersetzerpreis erhalten hatte. Derlei ermutigt einen Verlag, auf der Übersetzungsstraße zu bleiben, zumal das Angebot an heimischen Autoren nicht nach dem Geschmack des alten Verlegers war.

Da kam nun ich, ein Mann, der als Übersetzer im Verlag ein- und ausging, und brachte einen heitersatirischen Rivieraroman an, *Einbruch ins Paradies* genannt und inhaltlich nicht ganz ohne Beziehung zu einem Finanzskandal, der die Wiener Boulevardblätter wochenlang beschäftigt hatte. Das alles war an sich keineswegs nach dem Geschmack von Herrn und Frau Pfenningstorff, aber jene Junglektorin machte — wie mir berichtet wurde — Terror, man zeigte mir später den Teppich, auf dem sie sich zu Boden geworfen und so lange gestrampelt hatte, bis Pfenningstorff, eine väterliche Natur und leider schon nicht mehr ganz gesund, um des lieben Friedens willen mein Manus noch einmal las und zu dem Urteil kam, es gebe zwar viel Erotik darin, aber es sei alles sehr dezent ausgedrückt. Das war das einzige, was er mir zu dem Buch sagte. Seine zweite Äußerung betraf nur noch die Korrekturkosten: Ich hatte beim Umbruch überall dort, wo die Anfügung von einigen Zeilen zu einer weiteren Seite führen mußte, meinen Text ein wenig ergänzt, so daß schließlich ein üblicher Roman-Umfang erreicht wurde; die Herstellungskosten waren dadurch aber für sein scharfes Verlegerauge recht merkbar gestiegen.

Die Büchergilde nahm eine Lizenz, womit das Unternehmen schon risikofrei genannt werden konnte, und die DDR-Lizenz beließ mir Neff mit allen Erträgen — die D-Mark der deutschen Notenbank war auch für diesen Verleger noch immer zu heißes Geld. Professor Schwimmer war vor dem Krieg das letzte Mal an der Côte d'Azur gewesen, darum fanden sich in seinen Illustrationen verwirrende Wiedergaben nicht mehr existierender Strandpavillons und Promenadebrücken, aber die Ostberliner Ausgabe wurde im Ganzen sehr hübsch, zog eine Taschenbuchausgabe nach sich und einen Abdruck in einer Ostberliner Tageszeitung. Damit hatte der Hymnus auf eine Landschaft, die den DDR-Bürgern unzugänglich war, Hunderttausende von Lesern erreicht, und mein Freund Weiske wurde in Ostberlin vor die Literaturbonzen des Kultusministeriums zitiert. Er büßte dafür, daß er meinen Roman importiert hatte, mit einem langen Schulungslager, und sein Verhältnis zum Verlag der Nation, nicht zu Hofé selbst, bekam damals den entscheidenden Knacks. Im übrigen aber ist zu sagen, daß die DDR-Ausgaben meiner Romane mit den stets vorher vorliegenden West-Ausgaben wortwörtlich übereinstimmen. Man hatte nicht einmal in Einzelheiten Retouchen von mir verlangt. Nur beim *Einbruch ins Paradies*, der im Dialog die eine oder andere französische Floskel enthielt, hatte Ostberlin einen kleinen Anhang mit der Übersetzung dieser fremdsprachigen Stellen beigegeben. Da hatte ich zum Beispiel mit dem sonst sehr westlich orientierten Erwin Barth von Wehrenalp später größere Textprobleme: Beim *Ältesten Gewerbe* wollte er mir nicht einmal die Boswell-Zitate durchgehen lassen, und wären die Telefonrechnungen zwischen Morcote und München nicht so hoch gewesen, hätte er seinen Willen wohl durchgesetzt; so aber siegte Sparsamkeit über Prüderie, und James Boswell durfte bleiben.

In einem Punkt freilich hatte mich der Kongreß von Nizza zutiefst enttäuscht: All die Herren und Damen, die hier zusammengeströmt waren, hatten entweder auch nicht mehr Geld als ich selbst oder sie taten zumindest so. Sie waren so verschnorrt wie zu den Zeiten, da Robert Neumann die Adresse von Stefan Zweig mit dem Bemerken veröffentlichen konnte, man dürfe ihn anschnorren (Originalton Neumann), und wer die Erfahrungen der Emigration nicht gemacht hatte, der benahm sich, als ginge es noch immer um die von Erika Hanel nach einem unergründlichen Ratschluß verteilten Carepakete. Ich hatte die Herren und Damen mit ihren klingenden Namen fügsam eine lange Schlange bilden sehen, als auf Eden Roc der damals berühmteste Mixer Europas die Gratiscocktails zubereitete, und ich hatte eine Schnorr-Orgie auf meine Kosten erlebt, weil für diese Lieblingsbetätigung meiner damaligen Conviven offensichtlich kein Opfer zu jung und zu unberühmt war: Es hatte sich auf einem Ausflug ins östliche Vorfeld von Nizza die Gelegenheit ergeben, in einem Café Getränke zu nehmen. Die Tischrunde zählte an die zwanzig Personen, und da jeder besondere Wünsche hatte, gab es für mich viel zu dolmetschen. Als man wieder aufbrechen wollte, weigerte sich der Kellner begreiflicherweise, einzeln abzukassieren — er habe auf seinem Block die Gesamtkonsumation addiert, diese Summe wolle er haben, im übrigen sollten wir die Rechnerei unter uns ausmachen. Da ich alles bestellt hatte, war ich dran, plünderte meine schmale Brieftasche und sah, als alles abgewickelt war, nur noch leere Stühle um mich herum. Zwei oder drei Damen steckten mir mitleidig den ungefähren Betrag für ihr Getränk zu, eine bezahlte sogar mehr, als sie konsumiert hatte, da ihr die Lage klar geworden war.

Ein gutes Dutzend aber, darunter *alle* Herren, hatte sich aus dem Staub gemacht und fand sich bestimmt noch außerordentlich clever.

Wo waren die Helden eines Somerset Maugham, eines Evelyn Waugh, die als Grandseigneurs durch die Welt reisten? Warum benahmen meine Kollegen sich zumindest im Kollektiv schlechter als das Riviera-Personal, mit dem wir zu tun hatten? Als ich eines Abends die Einladungskarte vergessen hatte, sagte ich dem Türsteher im Casino de la Méditerranné erklärend, ich sei Kongreßteilnehmer. Seine Antwort war, übersetzt: Aber ich bitte Sie, Monsieur, das sieht man doch! Solche Livree-Gentlemen mußten dann zusehen, wie Sandwiches in Handtaschen verschwanden und Weinflaschen unter Sakkos verborgen wurden.

Es mag eine Folge dieser und ähnlicher Eindrücke gewesen sein, daß ich mich kurzzeitig als Verleger versuchte, ehe durch die ersten Sachbücher die Schriftstellerlaufbahn für mich wirklich attraktiv wurde. Ich hatte mich unter Aufopferung meiner Perserbrücken an einem kleinen steirischen Verlag beteiligt, der auch eine Buchhandlung in der Bergarbeiterstadt Leoben betrieb. Im Verlag konnte ich, so kurz er auch lebte, den einzigen Roman meines verehrten Mentors, des Dichters Ernst Jirgal herausbringen. Er setzte unter dem Titel *Das erinnerte Jahr* der Bundeserziehungsanstalt ebenso ein Denkmal wie das Buch *Schule und Frieden* von Ludwig Erik Tesar, dem Direktor der BEA und bedeutenden Theoretiker der pädagogischen Reformen von 1920 bis 1930. Wichtiger als diese Publikationen, die wegen ihres Wertes gewiß auch anderswo hätten erfolgen können, war aber meine eigene Erfahrung hinter dem Ladentisch in Leoben, wenn ich meinen steirischen Kompagnon während seines Urlaubs vertrat. Ich hatte sein Sortiment durch Antiquariats-Ankäufe ergänzt und einen Wühltisch aufgebaut, was damals, angesichts einer noch sehr dürftigen Neuproduktion an Büchern, mehr Sinn und Erfolg hatte als heute. Ich hatte viele Gespräche mit lesenden Arbeitern und gelangte nach und nach zu der Einsicht, daß man diesen Menschen anderes bieten müsse als erfundene Personen und konstruierte Handlungen.

Dieses andere waren die seit den Fünfzigerjahren aufkommenden Sachbücher. Natürlich hatte es sie schon einmal gegeben, von Verfassern wie Zischka, Brunngraber und Schenzinger. Vor allem Zischka hatte brav zusammengetragen, was an Ziffern und Fakten zu einem Thema gehörte, aber die Bücher waren bei zuviel Information nicht unterhaltsam genug, und sie machten es dem Nachkriegsleser, der ja in vielen Fällen sehr unruhige Schulzeiten durchlaufen hatte, meistens zu schwer, sich den Stoff einzuverleiben.

Mit der Absicht, lockerer darzustellen und doch sachlich einwandfrei zu berichten, begannen mein Bruder und ich die Arbeit an dem Thema *Versunkene Städte*, das uns besonders reizvoll zwischen Archäologie, Historie und Legende angesiedelt zu sein schien und bei dem sich die Arbeit selbst ziemlich gut aufteilen ließ. Denn wir wohnten inzwischen ja nicht mehr gemeinsam, und ein Hotelzimmer zu mieten, um dort diktierend und schreibend Gemeinsames zu produzieren wie Dor und Federmann, das verbot sich durch ein Thema, bei dem man Nachschlagewerke und Quellen brauchte.

Da Neff schon im Krieg Sachbücher, wenn auch des alten Typs, herausgebracht hatte und ich keinen anderen Verlag besser kannte, boten wir das Manuskript zuerst in der Gumpendorferstraße an. An das Telefongespräch, das nach einigen Tagen folgte, erinnere ich mich genau, es begann nämlich mit Pfennigstorffs Worten: ‚Ich muß Ihnen sagen, Herr Schreiber — jedem anderen als Ihnen hätte ich das Manuskript schon abgelehnt.'

Er lehnte also nicht ab, obwohl ihm die Sache gar nicht behagte; er wollte nur alles ernsthafter dargestellt sehen, die ohnedies in diesem Buch sehr schüchternen kleinen Gags, die Verweise auf ähnliche Erscheinungen in der Gegenwart, kurz alles, was ein Sachbuch für den modernen Leser attraktiv machte, sollte biederstem deutschen Ernst weichen. Ich machte mir die Mühe, das damals erfolgreichste Buch etwa verwandten Charakters, das auch inhaltlich sehr befriedigende Werk *Sieben vorbei und acht verweht* auf humoristische Wendungen und journalistische Zwischentitel durchzusehen und sie rot zu unterstreichen. Das solchermaßen verunstaltete Exemplar besitze ich heute noch. Pfenningstorff seufzte, das Buch erschien im Herbst 1955, und zu Weihnachten, also drei Monate später, hatten zwölf Länder die Übersetzungsrechte erworben, was mir seither noch einige Male passierte. Bemerkenswert war damals jedoch, daß es sich in jedem Land um namhafte Verlage handelte, von Garzanti, der mir bis heute treu blieb, über Bernard Grasset bis zu Alfred A. Knopf, dem Verleger von Thomas Mann und André Gide.

Es war eine Lektion für den mir sehr lieben und hochanständigen Verleger und zudem ein Zeichen der Zeit. Alle Sparten des Kulturbetriebes gehorchten neuen Gesetzen, und das schon, ehe das Fernsehen für weitere Einebnungen sorgte und Millionen von Kindern um das Vergnügen betrog, aus den schwarzen Zeilen des Buchdrucks eine eigene Welt erstehen zu lassen, sich den Silbersee nach eigener Phantasie auszumalen und die Schluchten des Balkans mit höchst privaten Düsternissen auszugestalten.

Dieser schnelle Erfolg zeigt übrigens, daß ich bei Paul Neff bessere Startbedingungen vorfand als bei Paul Zsolnay, denn Neff galt als ein deutscher Verlag und wurde international dementsprechend beachtet. Pfenningstorff hielt seine Außenstellen in Berlin-Lichterfelde und in Stuttgart ohne zwingende technische Notwendigkeit aus optischen Gründen und wehrte sich mit deutlichen Worten, als man ihn in österreichische Buchhandelsgremien wählen wollte: ‚Ich bin doch nicht verrückt', sagte er mir sinngemäß, ‚in Frankfurt als österreichischer Verleger aufzutreten; da kann ich gleich zusperren' — Verhältnisse, die in ihrer Unbegreiflichkeit bis heute andauern und doch manches erklären, vor allem die unverdiente Schattenexistenz so vieler guter Autoren, die Österreich auch bei der Wahl der Verleger nicht untreu werden wollten.

Das Ehepaar Pfenningstorff, Verleger von einer heute unvorstellbaren Fairneß und Herzlichkeit, hatte mich übrigens schon vor diesem Erfolg so gut behandelt, daß schnell ein persönliches Verhältnis entstand. Ich war in der schönen Altwiener Wohnung auf dem Opernring wiederholt eingeladen, und wenn wir in den einige Zeit gemeinsam bevorzugten Urlaubsort Alt Aussee aufbrachen, holte der Verlagswagen mit Chauffeur uns in Wien ab und brachte uns in jenen Ferienort. Da Pfenningstorffs im Seehotel logierten, war es nur eine Frage von Tagen, daß man mir ein Mädchen vorstellte, das ein paar Blätter mit Gedichten in den Händen drehte — es war Barbara Frischmuth, die — von ihren Eltern bestärkt — schon damals Selbstbewußtsein genug hatte, um meiner Ermutigungen nicht zu bedürfen.

Bei einem Erdbeben in Skopje war mein Agent, Dr. Stefan Reiner, mit seiner Begleiterin unter den ganz wenigen Toten; bis dahin aber waren mir schon Auslandsgelder genug zugeflossen, so daß es zu einem gebrauchten kleinen Renault reichte. Damit rückten nun Ferienregionen ins Blickfeld, für die der Chevrolet des Paul Neff Verlages nicht so leicht zu haben gewesen wäre, und die bis heute nicht abgerissene Serie der Kärnten-Urlaube begann. Ich hatte dort einen Schulkameraden aus der Bundeserziehungsanstalt, mit dem ich noch in der Studienzeit viel zusammen war, obwohl er an der Technischen Hochschule studierte. Die gemeinsamen Opernabende im Stehparterre endeten, als wir zu den Fahnen gerufen wurden, und als ich ihn später in Kärnten besuchte, zeigte sich, daß er trotz zahlreicher Einsätze als Flugzeugführer in Stuka-Geschwadern und einer schweren Verwundung letztlich doch heil und hochdekoriert heimgekehrt war. Seine junge Frau allerdings war in der Dresdner Bombennacht ums Leben gekommen.

Nach Jahren in der Jugendarbeit übernahm dieser in seiner Ehrlichkeit, Tüchtigkeit und Bescheidenheit vorbildliche Mensch die Leitung der Taubstummenanstalt in Klagenfurt. Meine und seine zweite Frau verstanden sich vom ersten Augenblick an, wir sahen seine zwei Buben heranwachsen und kamen regelmäßig wieder. Es muß wohl durch ihn geschehen sein, daß ich Christine Lavant kennenlernte, für die sich einer seiner Ärzte wohl mehr wissenschaftlich als menschlich interessierte. So archaisch die Dichterin wirkte, mit dem dunklen Kopftuch, dem hexenhaft verkniffenen Mund, den mitunter böse blitzenden Augen, sie hatte, seit sie ihren Ruhm akzeptiert hatte, Geschmack an Autofahrten gefunden, und so entführten wir sie in die kleine mittelalterlich gebliebene Stadt Gmünd am Südende des Malta-Tales.

Wir hatten einige gemeinsame Bekannte aus dem Kärntner Umfeld der Heimatforscher und Dichter, aber über die wollte sie nicht sprechen, sondern über Griechenland — wofür mein Bruder der kompetentere Partner gewesen wäre — und über Sterne. Bei den Mythen der Sterne, alt- und vorgriechischen, erwärmte sie sich. „Das ist schön", sagte sie, und, plötzlich ins Du verfallend: „Das Buch solltest du schreiben; ich kann mir die Bilder darin gut vorstellen ... In Edling, da haben die Sterne gekreist über dem Haus ... Manchmal haben sie getanzt!"

Als hätte sie schon zuviel gesagt, kam sie dann auf mich zu sprechen, ganz direkt, keineswegs aus Höflichkeit. Was sie so von einem Literaten- und Literaturagentenleben in Wien und Paris vernahm, schien sie zu amüsieren, nicht zu beschäftigen, wie ich überhaupt mein Leben lang auf die wirklichen Dichter eher erheiternd als anregend gewirkt habe, ich brauche da nur an Stefan Hermlin zu denken: Er akzeptierte es gerne, daß ich seine junge Frau, eine russische Germanistin, in den Tälern um Bled auf Spaziergängen begleitete, während er auf dem PEN-Kongreß um Positionen kämpfte. Und daß ich keinerlei Kongreßpflichten wahrnahm, sondern nur die Gelegenheit zu Kontakten nutzte, das brachte ihn allabendlich zum Lachen. Im gleichen Geist absolvierten wir ein paar Jahre später eine Schriftstellerfahrt von Wien in die Roseggerheimat, und im Bus hatte Hermlin manche Gelegenheit, den Kollegen Schreiber auf den Arm zu nehmen, versöhnte mich aber, indem er mir den Kopf kraute wie einem braven Hund und mir auch bei den Rundfunkinterviews, die bei dieser Gelegenheit anfielen, hilfreich beistand: — ich hatte einen Ausspruch des André Gide Paul Valéry zugeschrieben, und Hermlin ruhte nicht eher, als bis das Tonband entsprechend korrigiert war.

So laut Christine Lavant damals schon gefeiert wurde, gab es doch auch geheime Linien, die sie mit meiner Welt verbanden. Ludwig von Ficker, Entdecker Trakls, hatte auch die Begabung der

Lavant sofort erkannt; Ficker, in dessen Zeitschrift *Brenner* Ludwig Erik Tesar oft geschrieben hatte und heute noch ein Begriff ist. Ich weiß nicht, ob wir Internatszöglinge der Geburts-Jahrgänge 1916— 22 taugliche Objekte für die pädagogischen und philosophischen Ideen Tesars waren, aber er band uns doch in die auf durchaus legitime Weise von Wien unabhängige geistige Aura des Brennerkreises ein. Daß meine Debütarbeit Trakl galt, erscheint mir in diesem Zusammenhang als nicht mehr zufällig.

Frankfurt

Der sich anbahnende Erfolg ermutigte mich zu meiner ersten Buchmessenfahrt, und wenn ich anfange, von einer Buchmesse zu erzählen, dann wird dem Kundigen auch klar, daß ich mit dem erzählenswerten Stoff eigentlich am Ende bin. Was nun noch kommt, ist Gemeinschaftsschicksal deutsch schreibender Autoren und im Börsenblatt für den deutschen Buchhandel nachzuschlagen, weswegen ich nur noch die privaten, die paar individuellen Neu-Entwicklungen referiere.

Für Dor und Federmann war Frankfurt am Main kein Neuland mehr, aber für Gerhard Fritsch und mich tat sich eine neue Welt auf, von den Hotels und ihrer Umgebung her unvorstellbar schäbig, in den Hauptadern und den an ihnen leuchtenden Schaufenstern von einem Wien bei weitem übertreffenden Angebot an Waren, Möbeln und Luxusartikeln. Entsprechend unserer Barschaft wohnten wir in den ersten Jahren in der Elbe-, danach in der Münchnerstraße. Als ein paar Jahre später ein mir gut bekannter Verlagslektor kein Messezimmer mehr bekommen hatte und *faute de mieux* in das gleiche Hotel zog wie ich, sagte er mir beim ersten Frühstück, entsetzt und im Flüsterton: ‚Haben Sie gar nicht bemerkt, daß wir in einem Puff wohnen?'

Ich hatte dieser Tatsache keine Bedeutung beigemessen, weil die ganze Gegend — Münchner-, Elbe-, Weser- und Kaiserstraße mit Ecklokalen, Gaststätten, Cafés und was es sonst noch gab —

praktisch nichts anderes war als Vorhof oder Anbahnungszone für Bordelle. Diese Allgegenwart der käuflichen Liebe hatte für unsere schmalen Brieftaschen einige Vorteile: Man brauchte kein spezielles Etablissement mit Konsumzwang und anderen Auflagen aufzusuchen. Einmal saß ich mit Gerhard Fritsch in einem Schnellrestaurant an der Kaiserstraße, um vor dem eigentlichen Abendbummel etwas zu essen. Eine der Kellnerinnen gefiel mir so gut, daß ich, ermuntert durch die Atmosphäre, ihr einen Antrag machte. Das Ergebnis war wohl nur für mich verblüffend: Sie band mit schönster Nonchalance ihre Schürze ab, reichte mir die Hand und zog mich in einen großen, nicht erhellten Nebenraum, wohl ein kleines, stillgelegtes Theater. In einer der Logen knöpfte sie ihr Fähnchen auf, sans façon und keineswegs geschäftsmäßig, und verhalf mir zu einem Abenteuer im Stil der längst hinabgegangenen Belle Epoque.

Fritsch hatte geduldig gewartet, stellte keine Fragen: Es war für ihn eine melancholische Buchmesse, so sehr Federmann und ich uns bemühten, ihn aufzuheitern. Rowohlt hatte seinen Roman *Fasching* veröffentlicht, und da der Übergang zu einem deutschen Verleger für uns schon gleichbedeutend mit dem großen Erfolg war, hatte Gerhard sich wohl auch einen solchen erwartet. Die Rowohltleute aber sagten ihm wahrheitsgemäß, daß bis zur Messe nur 1.400 Stück verkauft worden seien. Ein wenig besser als er mit der Misere der Belletristik vertraut, hatte ich ganz arglos festgestellt, daß dies doch nicht schlecht sei und wurde zum erstenmal in den zahllosen und langen Gesprächen, die wir miteinander hatten, von ihm richtig angebrüllt: „Das sagst du?" schrie er, „du hast doch ganz andere Auflagen!"

Meine Auflagen bei Econ waren mit etwa 5000 Stück im ersten Anlauf und 8—10.000 für die ersten Titel wohl höher, aber keineswegs höher gewesen als die Absatzziffern bei Paul Neff, und als ich bei einem Essen im Wehrenalpschen Hause meine Enttäuschung (wenn auch leiser als Gerhard Fritsch) formulierte, fuhr mir die Frau des Verlegers barsch über den Mund: Was wir jungen Leute uns denn vorstellten, schließlich könne niemand hexen.

Ich wußte damals noch nicht, daß Gerhards gefeierter Roman *Moos auf den Steinen* auch keine nennenswerte Auflage im echten Buchhandelsverkauf erreicht hatte und daß darum alle Hoffnungen auf *Fasching* ruhten. Hätte dieses Buch, das erst Menasse in einem geistvollen Essay aus dem Schatten des Mißerfolges gezogen hat, damals groß eingeschlagen, gewiß wäre im Leben dieses sensiblen und verletzlichen Menschen alles anders gekommen.

Für mich bleibt seine große, ja einzigartige Leistung seine Lyrik, vor allem die Gedichte aus den Kriegsjahren. Diese Lyrik ist tief, hart, unbarmherzig in dem, was sie uns vor Augen stellt und deutlich mitfühlend, mitleidend wo so mancher andere nur beschreibt und die Impression festhält.

Die lyrische, ja überhaupt die literarische Ernte des Zweiten Weltkriegs ist ja nicht sonderlich reich, der Schlesier Horst Lange und der Österreicher Erich Landgrebe *(Von Dimitrowsk nach Dimitrowsk)* stehen als Erzähler gegen eine Fülle marginaler Berichte aus der überreichen Emigrantenszene und die Tagebuchprosa eines Ernst Jünger. Lyriker wie Walter Flex, Richard Dehmel oder Heinrich Lersch, große deutsche Kriegsgedichte wie die von Stamm, Stadler oder Trakl sind im Zweiten Weltkrieg und in seiner Folge ungleich seltener. Und wenn die Kriegsgedichte von Gerhard Fritsch ihren Wert auch unzweifelhaft in sich haben: Daß sie selbst im größeren Chor der deutschen Lyrik so deutlich bestehen können, das schließt Gerhard Fritsch unzweifelhaft ein in jenen ewigen Vorrat deutscher Poesie, den Rudolf Borchardt schon 1926 umzirkt hat.

Reinhard Federmann, zum Unterschied von Fritsch keineswegs Vorzeigepoet oder gar preisgekrönt, nahm das alljährliche Vabanque und die herbstlichen Enttäuschungen in Frankfurt ruhiger, mit einer Art sarkastischer Melancholie. Er wußte längst, daß auch die deutschen Verleger, trotz ihrer großen Gesten, nur mit Wasser kochten, wenn er auch noch nicht ahnen konnte, daß Kurt Desch nach seinem großspurigen Wiener Auftritt das widerliche Schauspiel eines Verlegers geben würde, der nicht nur seine reichen Autoren Habe und Kirst betrog, sondern auch schmale Honorarkonten wie die eines Dor oder Federmann plünderte. (Mich hatte Müller-Ahlfeldt von der Deutschen Buchgemeinschaft rechtzeitig gewarnt: Als ich ihn einmal zur Desch-Villa in Neuhausen chauffierte, sprach ich von dem Gerücht, daß Desch verschiedene Lizenznehmer gebeten habe, die Abrechnungen so zu datieren, daß er den Autorenanteil nicht bei der nächstfälligen, sondern erst bei der übernächsten Abrechnung ausbezahlen müsse. Der große Guru sah mich mitleidig-lächelnd an und antwortete nur: ‚Wem sagen Sie das!')

Mein Freund Wilhelm Muster hat mir aus diesem Manus alle Anspielungen auf Filme und Filmschauspieler herausgestrichen, vermutlich, um es als Dokument zu verselbständigen. Dennoch kann ich, da Federmann ja nun leider tot ist, von ihm keine zutreffendere Vorstellung geben als durch den Hinweis auf Gregory Peck in der Rolle des Schriftstellers Scott Fitzgerald. Seine Darstellung dieses unglücklichen Genies hat meine Frau und mich in schmerzlicher Weise an Federmann erinnert, bis hinein in kleinste Gesten und den Schimmer flüchtigen Gesichtsausdrucks.

Stets schlank, locker bis lässig in seinem Gehaben, wirkte Federmann auch in vielgetragenen Anzügen noch elegant und auf eine malerische Weise intellektuell. Nicht so schön wie Stephan Hermlin oder Ernst Jirgal gewann er die Herzen durch einen Hauch von Tristesse, aus dem dann ironische Bonmots oder aggressive Bemerkungen umso wirksamer aufleuchteten. Solche Überraschungseffekte liebte er und konnte dann auch Menschen verletzen, die er wirklich mochte. Zum großen und rücksichtslosen Rundumschlag kam es aber nur, wenn er getrunken hatte, was zwar nicht ganz selten war, aber doch auch immer einen konkreten Grund hatte. Trinken und Schimpfen waren als befreiende Ausbrüche gleichgeordnet und hatten Dor oder mich nur relativ selten zum Ziel, Milo Dor, weil dieser ihm im Frühstadium ihrer Karriere noch beinahe wesensverwandt war, mich, weil ich sein Antipode war und darüber todunglücklich, eben weil ich ihn so gern hatte.

Vielleicht hatte ich es schwerer, das Phänomen Federmann zu begreifen, weil ich aus der gleichen Stadt kam und an die Verschiedenheit der Nährstoffe, aus denen wir lebten, lange Zeit nicht zu glauben vermochte. Ich wußte nicht, daß der zweite Wiener Gemeindebezirk, in dem er aufwuchs und durch seine Brüder auch noch sehr lange verwurzelt blieb, daß dieses bunt wirbelnde, noch im Zerbröckeln deutlichste Odeurs verströmende Ghetto stärker war als seine Herkunft, als der Vater aus der Wiener *Noblesse de robe*, und daß seine geradezu wollüstige Beherrschung der leopoldstädtischen Idiomatik einen Graben zwischen uns ziehen würde, da Kinder- und Dienstmädchen bei uns Buben zu strengstem Kaiserwienerisch verhalten waren. Reinhard genoß meine Niederlagen an dieser Front, etwa, wenn wir auf langen Wanderungen in Rom, müde und durstig, Santa Maria in Cosmedin noch immer nicht gefunden hatten und er mir entgegenschleuderte: „Wann koomt's denn jetzt endlich, die Hundskirch'n!"

Ich habe ihn, der seine Eltern so früh verlor wie ich und 1945 darum ebenso auf dem Nullpunkt stand, immer als ein Beispiel dafür genannt, wieviel eine solide österreichische Gymnasialbildung wert sein könne; sie hatte, zumindest damals, tatsächlich noch Ehrgeiz und Funktion der Reife-Bestätigung, und ich kenne niemanden, der mehr daraus gemacht hätte als Reinhard Federmann, ohne daß ich zu sagen wüßte, wann dieser getriebene, ja gehetzte Mensch jemals Zeit gefunden hatte, zu lesen und zu lernen.

Was ihm dabei zustatten kam, war ein sehr schwach entwickelter, ja kaum feststellbarer Geltungstrieb, eine Bescheidenheit, die er haßte, da sie mit Unsicherheit gepaart war und sich durch die permanenten Notlagen seiner Existenz naturgemäß noch verstärkte. In Robert Menasses Buch über die sozialpartnerschaftliche Ästhetik — einem ahnungsvollen Ritt über den Bodensee — ist Hans Weigel dreimal deutlich abgebildet, von Federmann sieht man nur den schwarzen Scheitel und die Brillenränder. Er war dabei, aber man nahm ihn nicht wahr, und wenn doch, dann ging etwas schief, weil ihm, nach langem Zuhören und Stillsitzen, gelegentlich doch der Kragen platzte: Bei einer kleinen Gesellschaft, die Helmut Qualtinger für Hildegard Knef gab und Federmann sehr zur Unzeit von Goebbels zu reden begann; bei einer Party in meiner Münchner Wohnung, bei der Federmann den Cheflektor eines führenden Verlages bis zur Fassungslosigkeit beleidigte, so daß dieser davonrannte und mir erst am Lift seine Indignation gestand; und — am folgenreichsten — bei einem großen Haus-Fest der *Bunten* im Hause Burda, wo Federmann das Mikrophon an sich brachte und den Herrn Senator nur dürftig verblümt einen alten Nazi nannte.

Mit diesem Befreiungsakt ging Federmanns ernsthaftester und aussichtsreichster Versuch zu Ende, aus dem Road-Movie seines Lebens eine Existenz zu machen. Bis dahin war er, der katastrophalste

Autofahrer, den ich je erlebt habe, immer wieder mit Freund Milo zu Versorgungsreisen in die Bundesrepublik aufgebrochen. Dieser unterhaltsame, im Deutschland der fünfziger Jahre auch durchaus erlebnisreiche *train de vie* durfte vergessen werden, als es Wolfgang Kudrnofsky gelang, Federmann seinen Redakteurssessel bei der *Bunten Illustrierten* zu vermachen. Heute, da sie in München residiert, wäre dies nie gelungen, aber nach Offenburg wollte niemand, trotz der (allabendlich wahrgenommenen) Ausbruchsmöglichkeiten ins nahe Straßburg. Federmann war mit seiner flinken Feder, der Leichtigkeit, mit der er formulierte, seiner Bildung und Wendigkeit im Kollegenkreis bald sehr gesucht, hatten diese Koryphäen der dritten Garnitur bis dahin doch oft über einer einzigen Bildunterschrift tagelang gebrütet. Das eigentliche Wunder aber wiederholte sich allmonatlich in kleinen, unanzweifelbaren Ziffern, eine Gutschrift von mehr als 3000 DM auf Reinhards Konto, angesichts der niedrigen Mieten und Preise an der Kinzig damals ein Gehalt, das mittelfristig auch mit den Wiener Steuerschulden fertig geworden wäre.

Aber es sollte wohl nicht sein! Es hatte letztendlich nur dazu geführt, daß Federmann nun Blut geleckt, die Möglichkeiten einer Existenz in Deutschland kennengelernt hatte, ohne zeitraubende und aufwendige Aufreißfahrten. Tatsächlich konnte und kann man in München, wohin Federmann sich nun wandte, als Schriftsteller nicht verhungern, zudem besaß Reinhard ja nun einige Verbindungen. Der fränkische Verlag, der mit der Serie der Krähenbücher die bis heute beste Kriminalreihe publiziert und Autoren wie Dashiell Hammet, Raymond Chandler, Earl Stanley Gardner und Ngaio Marsh in Deutschland eingeführt hatte, existierte leider nicht mehr. Dort hatten Dor und Federmann sehr moderne, lockere und unterhaltsame Kriminalromane eines neuen Genres publiziert, mit denen bei einiger Ausdauer gutes Geld zu machen gewesen wäre. Dazu hatte sich ein zweites deutsches Fernsehen etabliert, die geselligen und bukolischen Talente der beiden hatten in der Mainzer Tristezza sofort gezündet, man war nur eben zu weit vom Schuß gewesen — das konnte sich nun ändern. Überdies gab es die alte Verbindung zu Helmut Kindler, der ein großes Herz hatte und große Möglichkeiten, und schließlich Ullstein, nach dem Umzug von Frankfurt nach Berlin zwar etwas in die Ferne gerückt und von dem unnahbaren Wolf Jobst Siedler geführt, aber in einem österreichischen Subdirektor für uns zugänglich.

Ich hatte dort unter einem wohlklingenden Pseudonym drei Verlagsbestseller geschrieben; Reinhard zu präsentieren war umso einfacher, als zwischen ihm und Dr. Kaufmann sogleich ein Band der Sympathie entstand. Die ersten Aufgaben lagen Federmann: Die Edition der unschätzbaren (später bei Amalthea wieder aufgelegten) Memoiren der Bertha Zuckerkandl-Szeps, die Erinnerungen des zwielichtigen Ivar Lissner und die ästhetisch und inhaltlich hochinteressante deutsche Fassung eines problematischen Buches von Dino Buzzatti. So hätte es noch eine Weile weitergehen können, denn die

Ullstein-Lektoren Freese (früher beim Verlag der Nation) und Elwenspoek waren ein friedliches Völkchen, das sich kein Bein ausriß und heikle Aufgaben gern nach auswärts vergab. Das Fixum war nicht mehr so hoch wie in Offenburg, aber wenn man Münchner Mieten zahlen muß, ist jeder sichere Eingang doppelt wertvoll. Schließlich winkte sogar, als große Ehre, die Übersetzung des belletristischen Herbst-Haupttitels aus dem Französischen. Ich darf die Geschichte erzählen, weil Weigel sie in seinem Buch *In Memoriam* schon angeschnitten hat: Übersetzungen sind Sache des Sitzfleisches; hat man genug davon, so fühlt man sich bei dem regelmäßigen Rhythmus sauwohl, verdient seine Brötchen und überanstrengt sich nicht. Aber Reinhard, an jahrelange Zusammenarbeit mit Diskussionen, Trinkpausen, Zigaretten und Gaststättenbesuchen gewöhnt, näherte sich jenem 400-Seiten-Roman wie die *Titanic* dem Eisberg, und als dieser sich nicht im Sturm bezwingen ließ, kamen Mutlosigkeit und Panik. Das französische Buch wurde zerlegt und wanderte nach Wien, wo zu allen Zeiten die erschwinglichen Neger saßen — Bertrand Alfred Egger, der gut französisch konnte, aber zuckerkrank war, und ein Bruder Reinhards, dem es bei geringen Französischkenntnissen auch nicht sehr gut ging. Sie lieferten eine deutsche Version, die Wolf Jobst Siedler, als er die Korrekturfahnen in Händen hielt, zu einem bis heute unvergessenen Wutausbruch hinriß. Die Lektorin, die das Manus unbesehen („Es kam doch von Fdermann!") in Satz gegeben hatte, flog in hohem Bogen und zwar bis Salzburg; das Fixum wurde eingestellt, die Ära Ullstein war zu Ende.

Das war an sich ein mahnender Gongschlag, Rückkehr zum Roman sei angezeigt. Nur bevorzugte der Buchhandel immer deutlicher das Sachbuch. Ich hatte in Uli Staudinger einen engagierten, einfallsreichen und trotz begrenzter Mittel großzügigen Verleger für meine Belletristik, aber von den acht Romanen, die ich nach und nach für ihn schrieb, brachten — trotz Taschenbuch- und Buchgemeinschaftslizenzen — nur drei die Garantiesumme ein. Und Federmann kam ja nicht einmal zu Garantieverträgen. Also folgte, was sich schnell machen ließ: Anthologien, eine Geschichte Wiens in Anekdoten, Sachbücher. Bei zwei Titeln für Lichtenberg (Kindler-Gruppe), einem für Neff und zweien für Erdmann arbeiteten wir zusammen, und an einem Morgen in seiner Wohnung in der Belgradstraße, nur durch den Luitpoldpark von meiner Wohnung getrennt, fiel dann sein bezeichnender Ausspruch: „Jetzt weiß ich, warum du immer mehr Geld hast als *wir* — du bist sehr viel schneller." Das *wir* zeigte mir, daß er noch immer bei Milo Dor zu Hause war, und mit der Schnelligkeit hatte er recht: Mit meinem Anteil an *Wiener Geschichten* — *Geschichte Wiens* hatte ich einen peinlichen Fehler in das Buch gebracht; er betraf das Schicksal des Wiener Kabarettisten Fritz Grünbaum, am 14. 1. 1940 in Dachau ermordet, und natürlich spießte Otto F. Beer in seiner Rezension den Lapsus auf.

Reinhard machte mir keinen Vorwurf, er lächelte nur ein wenig trübe, dann war der Zwischenfall vergessen. Ich versuchte, ihn durch eine Verbindung zu Econ zu entschädigen. Die Verlagsgruppe war damals die beste Adresse für Sachbücher, sie hatte mich schon 1961, ein Jahr nach meiner Übersiedlung nach Deutschland, zum erstenmal auf die Spiegel-Bestsellerliste gebracht, also legte ich ein Federmann-Exposé Erwin Barth von Wehrenalp ans Herz. Worum es ging, weiß ich nicht mehr, nur daß ich die Ablehnung des Planes, der inzwischen viel Hoffnungen gebunden hatte, Reinhard nicht mitzuteilen wagte und die Minute der Wahrheit so lange vor mir herschob, bis wir an einem weinseligen Abend an der Piazza Navona zu zweit tafelten und ich vermuten durfte, daß dieser einzigartige Platz und der Barolo den Schock mindern würden. Aber ich hatte mich geirrt; die Stimmung kippte auf die fürchterlichste Weise, Federmann sprang wütend auf, ließ sich einen Zehntausend-Lire-Schein geben und kam erst am Morgen wieder ins Hotel. Ein oder zwei Tage darauf setzte ich ihn in den Zug nach München; ich blieb allein und deprimiert zurück, es wurde mein längster Aufenthalt in Rom.

Ich weiß heute, daß Federmanns Talent an die vielen großen und kleinen Brotarbeiten verschwendet war, aber das Brot brauchte er eben. Es gab zwar inzwischen *Das Himmelreich der Lügner*, den großen Roman über die Februarereignisse des Jahres 1934 in Wien, aber er war selbst in Wien ohne Echo geblieben. Statt über das unerwartete Geschenk eines hochbegabten Zeitromanciers zu jubeln, verharrte die Mediokritäten-Phalanx der rosaroten Großpartei in jener Indolenz, die uns 1945 ratlos gemacht hatte; inzwischen war sogar mit Peter Strasser der einzige wirkliche Ansprechpartner früh verstorben.

Die letzte Phase dieses leider exemplarischen Schriftstellerlebens vollzog sich in der Federmann vertrauten Wiener Literaturszene; dort brach eine Zeit der Wunder an, als stimme der nahe Tod die Erynnien milder. Mit *Herr Felix Austria und seine Wohltäter* gelang Reinhard ein österreichischer Schelmenroman, und obwohl auch er eine Staccato-Produktion war (oder vielleicht eben deshalb), birgt er so viele Einfälle, daß etwa Jürg Federspiel zehn Bücher daraus destilliert hätte, von Martin Walser ganz zu schweigen. Das andere Wunder, *miraculum reflorescens*, war die Zeitschrift *Pestsäule*, das Beste, was in dieser Lesart seit Otto Basils *Plan* in Wien gemacht worden war, eine prachtvolle Leistung! Sie ist bei Federmann wohl nur erklärbar aus jener geheimnisvollen Steigerung aller Kräfte in der letzten Lebensphase, wie sie das Genie vom Talent unterscheidet und wie wir sie von Goya bis Fontane oft beobachten durften.

Federmann war kein österreichischer, sondern ein Wien-Patriot. Mit den Bundesländern konnte er, ausgenommen nur das Burgenland, nicht sehr viel anfangen, kaum mehr als mit fremden Ländern. Seine Heimat versuchte, als er längst von seiner Todeskrankheit wußte, mit decouvrierender Hast allerlei an ihm gut zu machen, und als er zum Sterben nach Hause gebracht worden war, servierte man ihm noch den Professor-Titel. Man hätte es ihm mit wesentlich weniger Aufwand sehr viel leichter machen können, so viele waren wir ja nicht, man kannte in den zuständigen Gremien des Bundes und der Hauptstadt jeden von uns. Letztlich aber hat Wien, haben Wien und Österreich mit diesem indolenten Verzicht auf eine Begabung wie Federmann sich selbst beraubt, auch wenn die nächste Generation mit ihren bei deutschen Verlagen erzielten Erfolgen die Unterlassungssünden an der Gruppe der Pioniere inzwischen kaschiert hat. Es gibt Möglichkeiten der Wiedergutmachung, und ich spreche von ihnen, weil mir dies nützlicher erscheint als ein weihevoller Schluß, und weil ich ein Mann der Praxis bin. Ein Reprint der Pestsäulen-Hefte ist überfällig, eine chronologische Sammelausgabe von Federmanns Erzählungen wäre eine wichtige Marke auf dem Weg zu einer Federmann-Gesamtausgabe, die 1998, zu seinem 75. Geburtstag, dann vorliegen könnte.

Er hatte Gesten von rührender Vornehmheit, wenn er mich in Schutz nehmen wollte, ohne daß es jemand bemerken sollte, zum Beispiel, als ich in der *Colombe d'Or* in Saint Paul de Vence unsere ganze Runde eingeladen hatte, die Preise aber alles Erwartete übertrafen und er mir unter dem Tisch ein paar hundert Francs zusteckte, oder als ich einen Baugrund bei Luino erworben hatte, ihn ein Jahr später aber nicht wieder aufzufinden vermochte und Federmann mich über das Tälergewirr tröstete und unsere Damen beschwichtigte.

Ich kann aus meinen Steuerbekenntnissen nachweisen, daß ich ihm in manchen Jahren an Mitarbeiterhonoraren und Tantiemenanteilen bis zu

30.000 DM ausbezahlt habe, was damals noch eine Menge Geld war. Aber es reichte nie, und gerade er hätte mit einer gewissen finanziellen Stabilität mehr anfangen können als jeder andere, das zeigen jene kleinen Arbeiten, für die eine kurze sorgenfreie Phase eben ausgereicht hatte.

Seine letzten Themen führten uns am engsten zusammen, seine wie ich fürchten muß verlorene dramatische Studie zu Giacomo Casanova und der Plan eines Familienromans, der mit Wurzeln in der mir sehr vertrauten Normandie anheben sollte. Zu diesem Zeitpunkt lagen, da er nach Wien zurückgekehrt war, schon wieder 400 Kilometer zwischen uns, aber er suchte wenigstens in seinen Stoffen meine Nähe, als könnte ihn dies retten. Aber es war schon viel zu spät.

Fortan hat mich die Branche eng an die Brust genommen, eine unbarmherzige Umschlingung, auch wenn sie auf die liebenswürdigste Weise begann: Von der Buchmesse 1955 wollte ich nach Paris, schließlich kam ich aus Wien und hatte in Frankfurt schon drei Fünftel des Weges. Friedrich Willem Kabelstroem, Vertreter des Neff-Verlages, nahm mich in seinem Mercedes zum Zug bis Düsseldorf mit, und nach Düsseldorf wollte auch eine schlanke, große Bestellbuchführerin, die Friedrich Willem natürlich kannte. Nach einer halben Stunde Autofahrt war klar, daß sie mit mir nach Paris fahren würde, wir machten nur einen Schlenker zu ihrem Elternhaus in Siegen. Und als wir dann in Paris waren, schrieb sie nach allen Richtungen

Karten, auf denen von Paris kein Ton stand, nur, daß sie mit dem Autor der *Versunkenen Städte* dort sei, was mir eine erste Vorstellung von den Möglichkeiten gab, die sich einem erfolgreichen Autor in den erotischen Randzonen des Buchhandels eröffnen.

Das Fräulein aus Siegen hatte eine Freundin von der Buchhändlerschule, die gerade als Au-pair-Mädchen in Paris weilte und die uns natürlich alsbald im Hotel besuchte. Es war jenes Hotel, das inzwischen Besitzer und Namen so oft gewechselt hat, daß ich es schon besser kenne als die jeweils neuesten Eigentümer. Die angenehmsten Zimmer lagen ganz oben, hatten schräge Wände, aber einen winzigen Dachgarten und bodentiefe Mansardenfenster. Ich stand also im sechsten Stock am Treppengeländer und sah jene Freundin die gewundene Treppe heraufkommen (der Lift fuhr, wenn überhaupt, nur bis zum fünften Stockwerk), ich sah den dunklen Pagenkopf, die Augen, die Gestalt und damit begann, schicksalhaft gleichzeitig mit dem ersten meiner sogenannten Bestseller, die neue Ära für mich. Das Mädchen aus Siegen fuhr ein paar Tage später heim, ich aber blieb, und als die Au-pair-Fron zu Ende war, kam die junge Dame mit dem Pagenkopf, die in Paris ein wunderbares Französisch gelernt hatte, zu mir in den kalten Wiener Winter. Es war der 4. Jänner des Jahres 1956; drei Jahre später heirateten wir, noch ohne recht zu wissen, wo wir leben wollten.

In einem langen Nizza-Aufenthalt 1958 hatte ich unweit Grasse, an einem terrassierten Hang, ein

Grundstück von 2500 Quadratmetern mit einem kleinen gemauerten Mas gekauft, der sich durch Holzanbauten leicht hätte erweitern lassen. Aber als Au-pair-Mädchen lernt man Frankreich offenbar von ganz ähnlichen Seiten kennen wie als Redakteur einer Besatzungszeitschrift: Sie war bereit, in Österreich mit mir zu leben oder aber in Deutschland, sonst aber nirgends. So landeten wir zunächst in Augsburg, weil ich angenommen hatte, daß eine Stadt in der Größe von Graz oder Linz auch ein entsprechend anregendes kulturelles und gesellschaftliches Leben habe. Nun, dem war nicht so, und vor allem für eine junge Frau war die Stadt, in der man so schön zu Fuß gehen konnte, leider nicht die beste Lösung. Das führte uns 1962 nach München und diesen Bericht an sein jähes Ende. Denn was nun noch kommen müßte — die Bücher aus drei weiteren Jahrzehnten des mich vereinnahmenden Berufs, die sind ein Stoff für Bibliographen, nicht für eine Autobiographie. Selbst der große Graham Greene langweilt uns, weil er in seinem Lebensrückblick jede Landschaft als Schauplatz deklariert und jede Begegnung als Modell entschlüsselt; ein Sachbuchautor aber darf nicht langweilen, am wenigsten dann, wenn er über sich selbst schreibt.

Mir selbst aber muß ich eine Frage beantworten, die ich mir vor allem jetzt, im Alter, an einsamen Wochenenden nicht selten stelle: Die Frage, warum ich eigentlich nun, da die Hektik der Arbeit abgeklungen ist, da der österreichische Zoll die Bücher- und Bildvorlagensendungen aus Deutschland nur noch unerheblich komplizieren könnte, noch immer nicht nach Österreich zurückkehre.

Auf der Suche nach Antworten habe ich festgestellt, daß es mich nach Wien nicht sehr zieht, die Theaterabende in der Josefstadt oder im Akademietheater kann man schließlich auch als Tourist besuchen. Wonach mein Herz verlangt, das ist die Stätte der Kindheit, der langen Sommer vor 1938, die klassische Sommerfrische der Wiener Gesellschaft am Ende des Piestingtales.

Allein der Begriff schon ist aus der Mode gekommen: Wer sucht im Sommer noch die kühle Frische kleiner Bergbäche, den Schatten der Täler, in denen man nicht braun wird, in denen keine Hotelterrasse Platz fände, auf deren Karrenwegen sich kein Auto bewegen könnte, das diesen Namen verdient. Und doch waren die Sommerfrischen nicht nur die Seligkeit von Generationen, sondern hatten auch ihre Bedeutung, ja — wie sich allerdings erst später herausstellte — ihre Funktion.

„So schau ich dich im Frühlingsschein, du mein geliebtes Gutenstein ..." dichtete Ferdinand Raimund vor hundertfünfzig Jahren, und der mit Raimund in vielem verwandte Peter Altenberg schrieb am Ende des gleichen Jahrhunderts „ich liebe hier alles, alles fanatisch ..." und meinte Reichenau am Nordhang des Semmerings. Dort, wo der niederösterreichische Fluß Piesting aus drei Quellflüssen entsteht, beginnt die vielleicht geheimnisvollste Landschaft des ganzen Restösterreichs, dem ja nicht viele Geheimisse verblieben sind, und sie zieht sich mit lange Zeit kaum begehbaren Tälern und verschwiegenen Miniaturgemeinden nach Südosten bis zur Semmeringbahn, der wichtigsten Magistrale der alten Monarchie, die Wien mit Triest verband. Seltsamerweise baute man auch ins stille Piestingtal eine Bahn hinein, bis an sein Ende, obwohl sehr viele, wichtigere Bauvorhaben des altösterreichischen Eisenbahnnetzes deswegen warten mußten. Denn in Gutenstein saßen große Herren, die im Bedarfsfall schnell nach Wien eilen mußten, die Grafen Hoyos und Parr, dazu wohlhabende Barone und feine Damen. Vor allem aber war Gutenstein eben eine Sommerfrische *par excellence* und mußte in den Genuß des neuen Verkehrsmittels kommen wie Reichenau, Payerbach und die Hotels auf dem Semmering.

Der Mariahilfberg bei Gutenstein, heute sehr zu Unrecht von einer Autostraße entweiht, kostete uns Kinder manchen Schweißtropfen beim Anstieg; der Abstieg aber entschädigte für alles, wußte man doch nie, wo man ins Tal geraten würde, und in welches. Die schönste dieser unglaubhaften, weil sich wiederholenden Überraschungen führte auf einen weit geschwungenen Weg, an dessen Biegung ein großer Kohlenmeiler gloste. Ein oder zwei Männer mit rußigen Gesichtern und rotunterlaufenen Augen hantierten im schwebenden Rauch und warfen uns fein gekleideten Nichtstuern böse Blicke zu (wie uns schien). Da die Kohlstätten selten gewechselt wurden, hatte uns in diesem Fall unser Weg an einem der letzten Meiler vorbeigeführt, die früher in dem ganzen weiten Waldgebiet große Bedeutung gehabt hatten: An zahllosen Bäumen hatten wir bei

Waldspaziergängen die kleinen Pechhaferln gesehen, gartengeschirrähnliche Tongefäße, die das Harz auffingen. Die auf diese Weise angezapften Bäume, aber auch andere, die nicht gerade genug gewachsen waren, wanderten in die Meiler und wurden zu Holzkohle verarbeitet. Die war erheblich leichter als das Holz selbst und ließ sich darum auf den elenden Wegen transportieren; Stammholzfuhren waren vor dem modernen Straßenbau praktisch ausgeschlossen.

Köhler, Pechsammler, Holzfäller waren die eigentlichen Berufe des Waldes; die schmucken gräflich hoyosischen Jäger nahmen sich dazwischen wie Eindringlinge aus einer anderen Welt aus, obwohl Ludwig Gomez Freiherr von Hoyos zum Stixenstein dem Kaiser schon 1591 die Herrschaft Gutenstein abgekauft hatte.

Trotz des Kaisersteins auf dem Schneeberg und des Kaiserin-Elisabeth-Gedächtniskirchleins blieb die vornehmere Schneebergseite der sanfte und reich bewaldete Abfall in den Gutensteiner Talgrund zu der — heute als malerische Ruine über dem Ort aufragenden — Burg Friedrichs des Schönen, der als Gegenkönig Ludwigs IV., des Bayern, nur schwache Spuren in der deutschen Geschichte hinterließ, so wie es eben seinem viel zu feinen Gemüt zukam. Unter der Ruine deckt eine Holzbrücke zwischen engen Felsen den Eingang zur Steinapiesting; sie überdacht gleichsam den Fluß und zittert unter den schweren Holzfuhren talauswärts. Wo dieser Weg nach Gutenstein hineinstößt, bildeten die Frächtergasthöfe die Ortsmitte, die laute und selbstherrliche

Insel des kleinen, aber unentbehrlichen Talvolks zwischen den an den Talrändern sich hinziehenden Reihen der vornehmen Villen. Die Mitte des Talbodens nämlich war vom sogenannten Bleichgarten ausgefüllt, an dessen Rand eine Gräfin Hoyos einen Kindergarten hatte hinbauen lassen — er ist meine früheste Erinnerung, und daß die Gräfin hin und wieder, in schlicht-vornehmes Grau gekleidet, zwischen uns Kindern auftauchte.

Die Straße hinaus aus dem Talgrund nach Pernitz war somit nur einseitig verbaut, die grüne Mitte bot auch noch einem kleinen Schwimmbad Raum mit einem wunderbar böhmakelnden Bademeister. An der Straßenbiegung, wo der Güterweg hinauf auf die imposante Biglbauernhöhe abzweigte, lag die große Villa der Barone Trebesiner, und gleich nach der Biegung hatte schon eine jener ein wenig bizarren Existenzen ihre Heimstatt, an denen Gutenstein bis heute nicht arm ist — eine schöne Frau mit exotisch dunklem Teint. Sie hieß Gertrud Ast, war mit meiner Mutter befreundet und ist mit ihrer ganzen Nachkommenschaft offenbar ebenso im Gutensteiner Bereich verwurzelt wie wir, denn Hiltraud und Wilhelm Ast haben den bisher bedeutendsten Beitrag zur Wirtschafts- und Sozialgeschichte des Raumes um Gutenstein verfaßt.

Neben der im Schattendunkel verborgenen, ein wenig zurückgebauten Ast-Villa lag niedrig, schiefergedeckt und so gut sichtbar wie eine Rettungsstation, das Arzthaus von Dr. med. Pogatschnig, dem Mann, der alle Gutensteiner kannte, der die waghalsige Jugend, die auf der baufälligen Ruine kletterte, verarztete und, wenn es nottat, mit dem Rettungsauto in die Chirurgie nach Wiener Neustadt begleitete. Neben seinem kleinen Grundstück ragte pompös und doch gefällig die Villa des Burgschauspielers Dr. Tyrolt (1848—1929) auf. Er war ein gelehrter Mime, an manchen Tagen brummig wie ein richtiger Kinderschreck, an anderen leutselig, ein großer Mann, der viel über Theatergeschichte geschrieben und köstliche Anekdoten gesammelt hat.

Ja und dann, dann kamen „die Damen", wie sie im Hoyos-Schloß kurz und doch freundlich genannt wurden und wie ganz Gutenstein sie kannte: meine Urgroßmutter Frau Jenny Klingseisen, geborene Schrantz, und ihre Freundin, deren Mann sich nach dem großen Börsenkrach von 1873 erschossen hatte. Da die Aktien der Firma Hutter & Schrantz diese Krise gut überstanden hatten, konnte meine Urgroßmutter sie bei sich aufnehmen als eine jener ein wenig herrischen Gesellschafterinnen, die mit Stehkragen, Virginia-Zigarre und mindestens zwei Dackeln aus dem alten Österreich nicht wegzudenken sind.

Die Villa im englischen Landhausstil barg für mich wissendurstigen Teenager eine unerschöpfliche Fülle der Geheimnisse vor allem in den Dachkammern und den kleinen Stübchen des Obergeschosses: prachtvolle Messing-Käfige für Papageien, luxuriöse Hutschachteln, Lederkoffer und Reisekörbe, vor allem aber meterhohe Stapel alter Zeitschriften, die heute im Antiquariat ein Vermögen brächten: *Fliegende Blätter* und *Vom Land zum Meer*, auch ein paar Hefte *Gartenlaube* waren darunter. In den mitunter wochenlang anhaltenden Regenzeiten des Piesting-Sommers saß ich und las, versuchte, die Uralt-Witze zu verstehen und fragte mich, was wohl ein Chignon sei oder ein Cul-de-Paris und wie diese vielversprechenden Worte alle lauteten.

In den Zimmern des Hochparterres hatten wir nichts zu suchen. Hin und wieder ging eine Tür auf, wenn wir uns im Flur herumdrückten, eine schmale schwarzgekleidete Dame warf uns einen freundlichen Blick zu, und nachher erfuhren wir dann, die Fürstin Schwarzenberg sei zum Bridge gekommen, wir hätten ihr doch hoffentlich die Hand geküßt? Noch feierlicher ging es nur im Schloß zu. Es war im Vergleich zu der Villa der Damen hell und weiträumig. Vom alten Grafen, Exzellenz Hoyos genannt, ging die Sage, er sei der einzige, der „alles" über Mayerling wisse, über den mysteriösen Tod des Kronprinzen Rudolf und seiner Geliebten, aber niemals auch nur eine Andeutung darüber habe verlauten lassen. Aber es gab auch wirbelige Jungbaronessen mit fröhlichem Mädchenlachen im Schloß, die aus unklaren Verwandtschaftsverhältnissen und Adelsrängen die Freiheit ableiteten, mit uns Industriellenkindern herumzutollen. Als wir einmal zur Unzeit kamen — irgendein Diener oder Jäger mußte etwas falsch bestellt haben —, wurde die Exzellenz im Mittagsschlaf gestört, kam langsam und ernst die Treppe herunter in die Halle und vernahm die Entschuldigungen meiner Urgroßmutter.

„Es stimmt", sagte der Graf dann gemessen, „ich

war soeben in bester Ruhe!" — mir unvergeßliche Worte, von denen mir sogleich klar war, daß kein anderer Herr unseres Bekanntenkreises sich so geäußert hätte. Jeder andere hätte versichert, von Störung könne keine Rede sein. Es war meine erste Lektion über die Differenzierung auch innerhalb der sogenannten höheren Schichten.

Das Schloß, wohlerhalten, ein beinahe zeitlosvornehmer und wunderbar ins Grün gesetzter klassizistischer Baum, beherrscht noch heute diesen etwas zerlaufenden, aber eben darum unvergleichlich vielgestaltigen und mit der Landschaft besonders verwachsenen Ortsbereich von Gutenstein. Erst als wir Räder bekamen, weitete sich das Blickfeld. Nun war es nicht sehr schwierig, tief hinein in die Steinapiesting zu fahren, die bis dahin ein „Hatscher" gewesen war, für Kinder unendlich lang und schmackhaft gemacht nur durch den Tiefenbacher im Talgrund, Fuhrunternehmer bis auf den heutigen Tag, Imker mit herrlichem Honig, und unerschöpflicher Quell der Ortsgeschichte. Hiltraud und Wilhelm Ast ließen sich vom Tiefenbacher Sepp, dem Senior (geb. 1893) vom Leben des Landvolks in den großen Herrschaftswäldern erzählen, und die Köhler, Holzfäller und Jäger saßen hier durch Generationen beim Waldwirt beisammen.

Talauswärts öffnete sich nun die stille Zauberlandschaft hinter dem Sägewerk, das Blättertal mit ein paar sehr einsamen Villen am Fuß feuchter Bergwiesen und der von Fichtennadeln übersäte Waldweg zur Raimundvilla. Hier verbrachte Ferdinand Raimund (1790—1836), der feinere, tiefere Zeitgenosse des Johann Nestroy, seine letzten Lebensjahre. 1825 hatte er Gutenstein für sich entdeckt, fand dort das Urbild seines Wurzel (im „Bauern als Millionär") und das unsterbliche Aschenlied, das man kaum noch verstehen kann, weil ja niemand mehr mit dem Henkelkorb auf dem Rücken Holzkohle feilbietet, jene Holzkohle, von der zu Raimunds Zeiten noch Dutzende von Kohlbauern und Köhlern im ganzen Raum zwischen Gutenstein und Reichenau lebten.

Ein Stück weiter talauswärts, dort, wo seit Jahrhunderten die Eisenhämmer an Piesting-Zuflüssen durch den Wald geklungen und Waffen für den Kaiser geschmiedet hatten, lebte Raimunds Freund, der Tiermaler Friedrich Gauermann (1807—1862) und zog viele Wiener Künstler in das stille Tal: Im stillen Gutenstein hielt sich die alte Gesellschaft, hielt sich ihr vertrautes Beisammensein bis 1938 und überlebte auch dann noch zumindest hinter den kaisergelb bemalten Mauern des schönen Grafenschlosses. Als Zeichen einer neuen Zeit hielt in die Villa meiner inzwischen verstorbenen Urgroßmutter mieterweise ein Rundfunkpoet Einzug, der durch seine *Döblinger Hymnen* ausgewiesene Dr. phil. Rudolf Henz, dem es bis heute zur Ehre gereicht, über Jean Paul dissertiert zu haben. Er bewohnte die Beletage der Villa, und wir über ihm, in den Dachkammern, empfingen die Weisung, sehr ruhig zu sein — Herr Doktor Henz schreibe an einem schwierigen Roman. Das Schwierigste daran war, daß Henz zwischen dem hinabgegangenen Österreich und dem heraufgekommenen Dritten Reich in larmoyantem Zaudern verharrte, was ihm keine der beiden Seiten zu Freunden machte; jedenfalls sprang die neue deutsche Kritik mit seinem Buch aus den alten Gefühlen höchst unsanft um. Vielleicht waren wir großen Jungen auch zu wenig rücksichtsvoll und zu unruhig gewesen inmitten der großen Unruhe, die nun auch das stille Piestingtal zu erfassen begann. Vielleicht aber hatten auch die Musen von Gutenstein nicht mehr jene hilfreichen Kräfte, wie sie Raimunds Feen in seinen Zaubermärchen zur Verfügung standen.

Anstelle einer Bibliographie

Es gibt ein paar stereotype Wendungen, die mein Leben so standhaft begleiten, daß ich über sie nicht mehr lachen kann. Die eine vernehme ich von Besuchern, die sich zum erstenmal zwischen meinen Büchern bewegen und dann fragen: ‚Und haben Sie das alles auch wirklich gelesen?' Die andere Frage, im Anblick meines Archivs gestellt, lautet: ‚Wieviele Bücher haben Sie eigentlich geschrieben?'
Ich hatte ein paar Jahre relativ engen Umgang mit dem Jugendschriftsteller Karl Bruckner, einem Automechaniker und erzählerisch begabten Autodidakten, dessen Bücher bei *Jugend & Volk* Welterfolge wurden. Er vermochte auf Anhieb präzise zu antworten, wieviel er geschrieben habe und wieviele Übersetzungen seiner Bücher existierten. Als wir einmal gemeinsam nach Neapel fuhren, verteilte er Prospekte mit seinem Bild an die hoffnungsvolle Jugend dieser Stadt, die weder deutsch noch überhaupt lesen konnte, uns aber auf Verlangen demonstrierte, wie man mit einer Nagelfeile ein Auto aufbrechen und starten könne. Ich will damit sagen: Fragen so flüchtigen und mechanischen Interesses haben mich nie zur Gewissenserforschung angeregt. Vor meinem sechzigsten Geburtstag hat meine damalige Sekretärin, eine Germanistin aus Breslau, eine genaue Bibliographie erarbeitet, sogar meine Mit-Arbeiten und meine Übersetzungen verzeichnet, und das Ergebnis dieser Fleißarbeit findet sich denn auch im Anhang meines Sammelbandes *Mein Sarg bleibt leer* (Erzählungen, Schneekluth 1980).

Seither ist die Lage völlig unübersichtlich geworden. Der Cheflektor der Exquisitreihe bei Heyne dachte sich Pseudonyme für mich aus, die mir nicht alle gefielen, so daß ich es bei ein oder zwei Titeln unter diesen angenommenen Namen bewenden ließ und sie, falls ich lange genug lebe, vielleicht eines Tages vergessen haben werde. Dazu kommen Neuauflagen meiner Bücher, bei denen zum Teil bis in die Fünfzigerjahre zurückgegriffen wird, meist im Taschenbuch, aber auch für Warenhausausgaben, also als Billig-Hardcover in Großauflagen. Das bringt zwar alles nicht viel Geld, aber völlig neue Leserschichten, und es läßt sich nicht steuern, wie ich nur durch einen Fall beweisen möchte. Vor vier Jahren saß eine junge Lektorin in einer Berliner Bibliothek, stieß auf ein Buch des ihr mit Recht unbekannten, weil nicht existenten Autors Lujo Bassermann aus dem Jahr 1963, fand, es sei unterhaltsam, zugänglich und dennoch inhaltsreich geschrieben und bemühte sich um die Rechte. Nach einigen Umwegen hatte sie herausgefunden, daß hinter dem Pseudonym ich stecke; ich kam nach Berlin, verpflichtete mich zu einem aktualisierenden Schlußbericht von 20 Seiten, und bald darauf erreichten mich die Belegstücke der Neuausgabe — 29 Jahre nach dem ersten Erscheinen. Anderen jungen Frauen bei Droemer, Weltbild, Zettner und anderen Verlagen verdanke ich andere Neuausgaben; die unbefangenen Damen einer Generation, die von mir kaum etwas wissen kann, urteilen nach den *Texten*, quer durch alles pseudonyme Brimborium hindurch, womit nun von mir an Altem und Neuem soviel auf

dem Markt ist, daß auch die gutwilligen Sortimenter an den einen Hermann Schreiber nicht mehr zu glauben vermögen. Mein Namensvetter in der beneidenswerten Position bei GEO, somit auf luxuriöseste Weise durch die Welt reisend, so oft es ihm beliebt, kann von den Verwechslungen ein Lied singen, seit neuestem aber wird auch mein Sohn involviert: Jemand, der bei einer Bad Homburger Buchhandlung ein Buch von mir bestellen wollte, wurde gefragt: ‚Schreiber-Vater oder Schreiber-Sohn?'
Weniger erfreulich ist die daraus erwachsene Legende, ich würde Ghostwriter beschäftigen. Sie ist zwar offenbarer Unsinn: In meinen Sachbüchern steckt soviel Arbeit, daß ich sie niemandem bezahlen könnte, von der Überschreitung aller Ablieferungsfristen einmal abgesehen. Da haben manche außerliterarische Gemüter mehr Spürsinn bewiesen: Eines Tages bekam ich einen Brief von einem Frankfurter Notar, der sich zunächst entschuldigte, falls die folgenden Zeilen eine ungerechtfertigte Verdächtigung enthalten sollten. Aber er habe in einem Buch der Exquisit-Reihe, das unter einem weiblichen Verfassernamen erschienen war, so kundige Darlegungen über verschiedene Lagen von Burgunderweinen gelesen, daß er der Meinung sei, jene wohl pseudonyme Autorin und ich, Verfasser eines Hallwag-Buches über Burgund, müßten ein und dieselbe Person sein. Womit er denn auch recht hatte, und wir haben die Weinstudien in seinem schönen Haus im Taunus dann gemeinsam fortgesetzt.
Vermutlich wird in all diese Wirrnisse, die gewollten und die ungewollten, nie wirkliche Klar-

heit kommen. Eine Mitarbeiterin aus dem Literaturarchiv in Marbach schickte mir ein paar abgelichtete Seiten aus einem Romanfragment der Fünfzigerjahre: Sie habe den Eindruck, diese Seiten gehörten nicht zu dem unvollendeten Roman, ob ich sie identifizieren könne. Es bedurfte langen Grübelns, um herauszufinden, daß sie einer Übersetzung zugehörten, die man mir wohl bezahlt, aber aus irgendwelchen Gründen nie veröffentlicht hatte. Zum Glück für alle Dissertanten bin ich kein Objekt der Literaturgeschichtsschreibung, eher schon für das Guiness-Buch der Rekorde. Man wird im Zusammenhang mit Federmann oder auch mit gewissen Fakten der deutschen Verlagsgeschichte, der Sachbuch-Entwicklung zum Beispiel, kaum umhin können, sich mit mir zu beschäftigen; aber meine vielzuvielen Arbeiten, die ich bis heute alle liebe, weil sie mir wenig Mühe bereiteten und viel Freude machten, sie würden jede Doktorarbeit zu einer Liste machen, und diese Liste wäre obendrein lückenhaft.

Diese Tatsachen sind das einzige Geheimnis meines Lebens, was immer man sonst auch vermutet hat, und da ich selbst es nicht aufzulösen vermag, muß es wohl mit diesen Zeilen sein Bewenden haben.